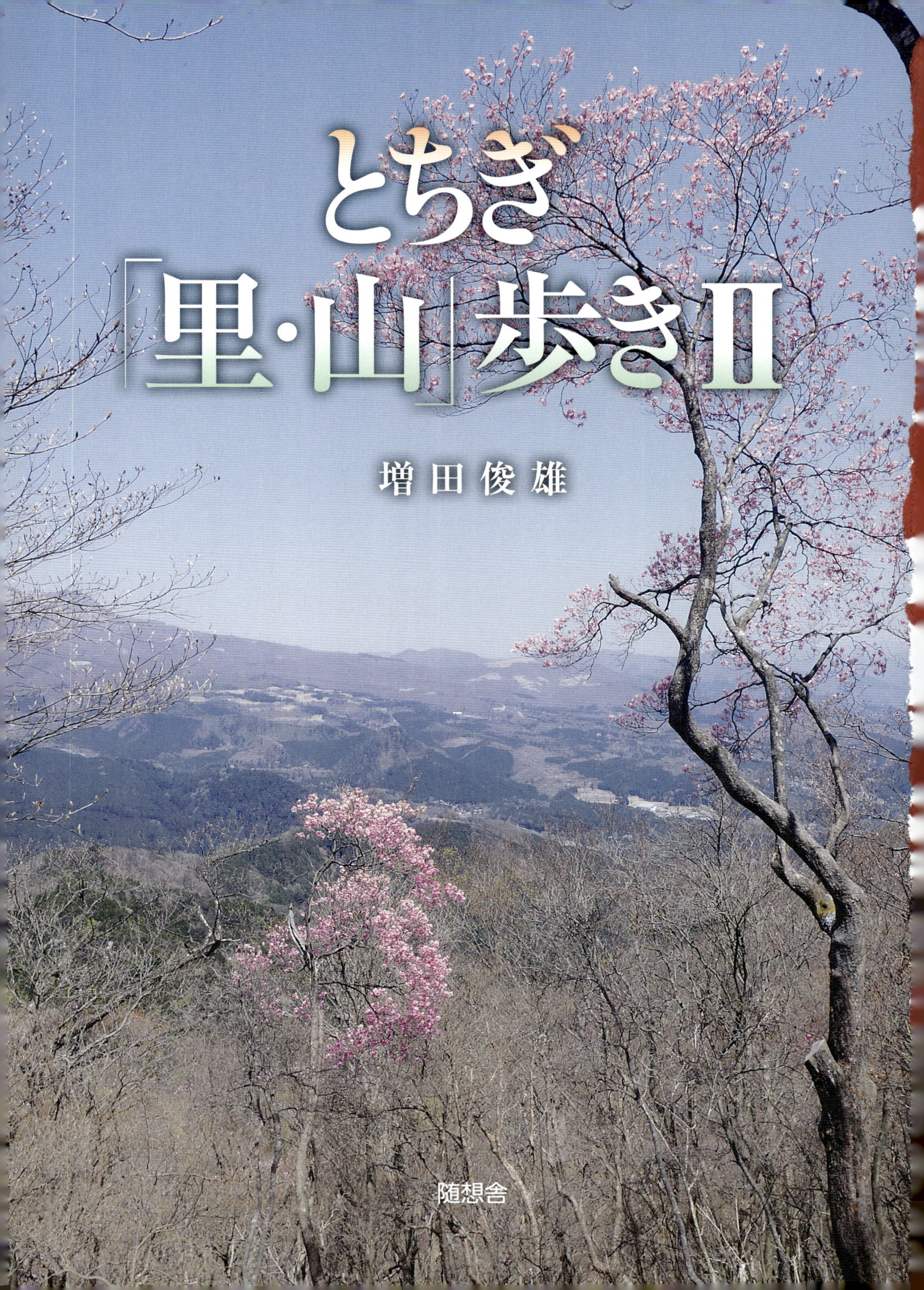

とちぎ「里・山」歩きII

増田俊雄

随想舎

発刊によせて

健康で、いきいきと活躍しながら、安心して暮らしていくことができる社会づくりは、すべての人々の願いです。

しかし現在、私たちは、急速な少子高齢化の進行と人口減少という、かつて経験したことのない大きな課題に直面しており、国を挙げて、一億総活躍社会の構築に向けたさまざまな取り組みが進められています。

こうした中、当協会では、子育て支援から、母子福祉、障害者へのさまざまな支援、高齢者の生きがいづくりと活躍の推進、県民の健康づくり等々、多様な事業に取り組んでいますが、その一つに、ゆとりある人生を楽しむ情報誌「いきいきとちぎ」の発行があります。

本書は、「いきいきとちぎ」に長年にわたり連載をお願いしている、「とちぎ『里・山』歩き」を再編集し、２０１０年（平成22）の『とちぎ「里・山」歩き』に続いて8年ぶりに出版されるものです。

本書に盛り込まれたハイキングコースは、実に多彩で、老若男女を問わず多くの方々に、豊かなとちぎの自然を満喫し楽しんでいただける、素晴らしい内容となっています。

また、本書を手に取っていただければお分かりのとおり、四季折々の美しい写真が満載で、わかりやすいガイドマップやコースタイムの設定など、懇切丁寧で配慮の行き届いた編集は、ハイキングの初心者のみならず熟練者からも好評を得ております。

さらに、筆者の山行の貴重な体験談などがコラムとしてまとめられており、その内容は読者の心に響くことと思います。

本書が、健康づくりや生きがいづくりのために、自信をもってお薦めできる良書であることは、論を待たないところでありますが、さらに、「ベリー グッド ローカル とちぎ」をより多くの方々に知っていただくためにも、ぜひ、座右に置いていただきたい一冊です。

結びに、筆者の増田俊雄さんは、栃木県勤労者山岳連盟会長、悠遊ハイキングクラブ会長として、また、社会福祉士としても活動されており、今後もさまざまな場面で、さらなるご活躍をご期待、ご祈念申し上げる次第です。

２０１８年1月

社会福祉法人　とちぎ健康福祉協会
理事長　平 野 博 章

はじめに

本書『とちぎ「里・山」歩きⅡ』は、２０１０年度（平成22）から２０１７年度（平成29）の８年間にわたり、「社会福祉法人とちぎ健康福祉協会」の高齢者向けの情報誌「いきいきとちぎ」（季刊誌）に記載された32編（一部は未掲載あり）のハイキング・ガイドを取りまとめたものです。前書『とちぎ「里・山」歩き』は、２００２年度（平成14）から２００９年度（平成21）の８年間の記録を取りまとめたものですので、『とちぎ「里・山」歩きⅡ』はその続きと言えます。掲載し始めてから16年が過ぎようとしていますが、引き続き「いきいきとちぎ」に掲載予定ですので、前書も含めて最新情報を知りたい方は、「社会福祉法人とちぎ健康福祉協会」に問い合わせてください。

さて『とちぎ「里・山」歩きⅡ』は、内容的には前書と同様、元気でがんばる高齢者向けですが、いくつかのコースは障がいのある人でも歩けるような街歩きなども入れながらの「らくらくコース」を、春・夏・秋・冬の四季に応じて紹介しています。しかし、夏から秋は、登山・ハイキングのベストシーズンですので、皆さんには少しいい汗をかいて、栃木の山を楽しんでいただくようなコース設定としました。オールカラーで編集しましたので、季節感も味わえるコースとなっています。

ただ、毎回原稿記事を書くにあたり、前年までの写真データなどが必要となってきます。原稿を提出する時期が来ると、何を取り上げようかとその都度考えるのが現状で、県内全域を計画的に取り上げるというものにはなっていません。結果的に今回のコース全体を見ると、日光・奥日光方面のコース・ガイドが多くなってしまいました。それでも、自然豊かな日光国立公園を有する地域なので、妥当といえるかもしれません。その他の地域のコース・ガイドも含めて楽しんでいただければと思います。なにより、自らの足でその地域を訪ね、栃木の自然を満喫していただければ幸いです。

増田俊雄

とちぎ「里・山」歩きⅡ　目次

秋

冬

とちぎ「里・山」歩きⅡ　マップ

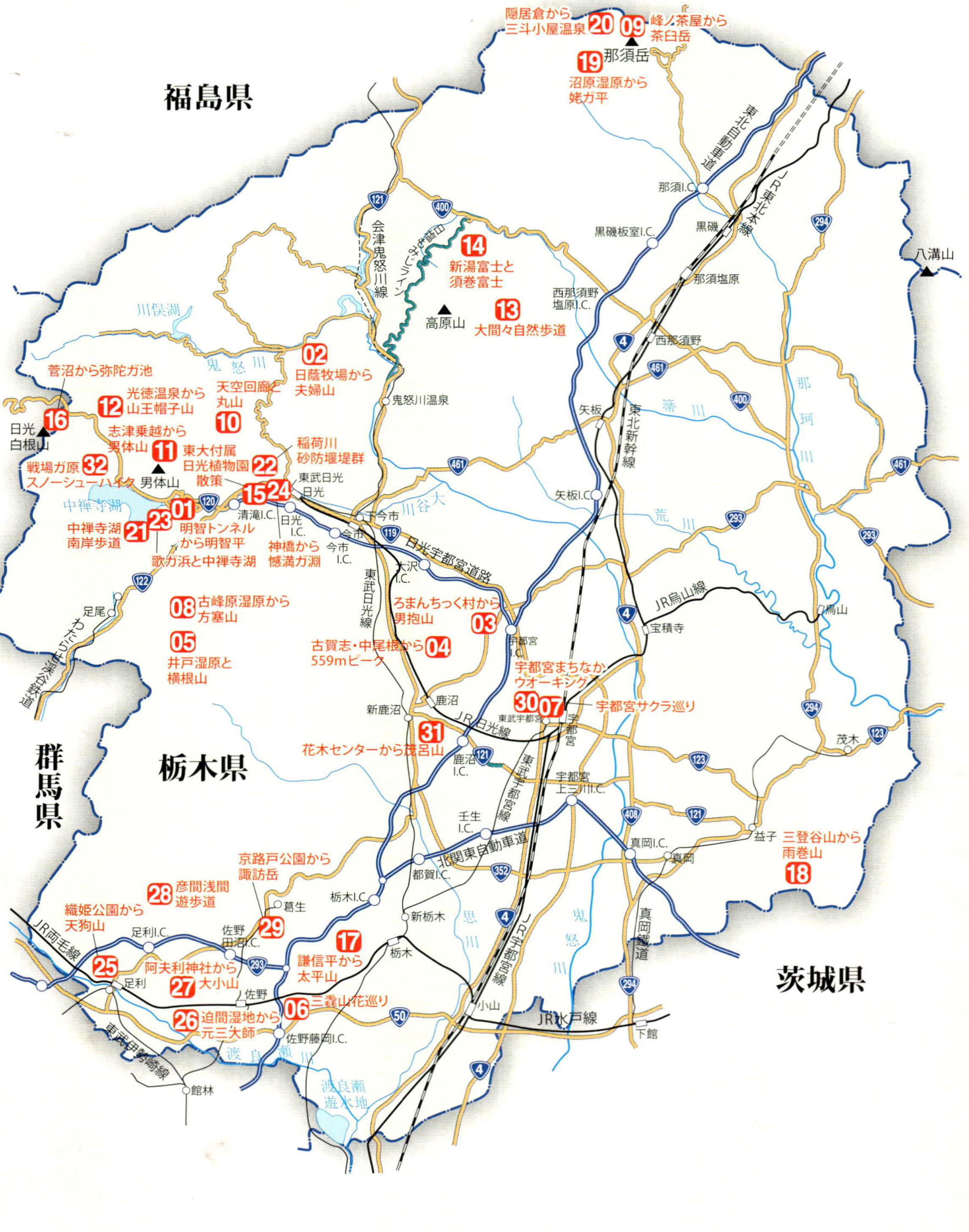

《凡例》

●地図については、概念図（ガイコツ図）の中に必要な情報を載せましたが、実際のハイキングには最新の地形図も併用してください。また、本書掲載の地図は縮尺率がそれぞれ異なるので注意してください。なお、地形図の山名や地名の表記について、例えば「戦場ヶ原」などは、読みやすいように「戦場ガ原」と記しました。

●本書での地図上の記号は次の内容を意味しています。

◬……三角点のあるピーク
▲……三角点のないピーク
(水)……水場
(W)……トイレ
(P)……駐車場
(展)……展望の良いところ
(花)……花の群生する場所、お花畑
卍……寺院
⛩……神社・鳥居

●交通機関の状況は２０１８年1月現在のデータです。バス路線の廃止など変動も多いので、関係機関で確認してお出かけください。

扉写真　日光・鳴虫山山頂からの展望とアカヤシオ

焼森山のミツマタ

春

アカヤシオと男体山

01

明智《あけち》トンネルから明智《あけち》平《だいら》

残雪の日光連山をバックにアカヤシオの花に酔う

奥日光・新明智第2トンネル中宮祠側入口から、東京電力の送電線巡視路を利用し、茶ノ木平分岐を経て明智平ロープウェイ山頂駅までの、県花・アカヤシオ満開の「花のハイキングコース」を紹介する。アカヤシオ越しに雄大な華厳滝が眼下に見下ろせ、左側に切れ落ちた谷と流れ落ちる滝の豪快さから、多少恐怖を感じるコースを登っていくと、男体山、白根山、中禅寺湖、そして中宮祠の街並みの展望が開けてきて、気分も最高。ササ原の鉄塔の広場では、天気がよければ、昼寝などのんびり過ごしたくなる。展望の良いコースであり、アカヤシオの時期は4月末のゴールデンウィークから5月上旬、さらに5月中旬からはシロヤシオ、トウゴクミツバツツジと、奥日光に遅い春を告げる花々が待っている。

華厳滝展望台のカメラマンと男体山

今回は、公共交通機関利用でのコース紹介となる。ＪＲ日光駅または東武日光駅から東武バス湯元温泉行または中禅寺温泉行に乗り、日光レイクサイドホテル前バス停で下車する。ここから新明智第２トンネル入口まで、約５００メートル戻る。日光・今市側から奥日光に至る唯一の主要国道で、交通量も多く、歩行には十分な注意が必要だ。

新明智第２トンネル入口の左側には旧明智トンネルの入口があるが、コンクリートで固められている。この入口に４～５台の駐車スペースがあるが、アカヤシオの時期はすぐにいっぱいになる。マイカー利用でこのコースを歩きたい人は、華厳滝駐車場（有料）または立木観音駐車場（無料）を利用し、ここまで歩いてくることになる。

日光連山に映えるアカヤシオ

ここが登山口となるが、道標などはない。左側の石組み堰堤の低いところから入る。東へ向かう踏跡が東京電力の送電線巡視路で、今回はこの道を利用したコースとなる。

多少ザレた登りから、少し安定した登りとなると、アカヤシオやシロヤシオの樹林帯となり、アカヤシオの開花期には一面がピンク色に染まる。アカヤシオの花は、

華厳滝展望台からの中禅寺湖方面

落葉樹の葉が出ない前に咲くので、樹林越しの展望が楽しめる。

左側から轟音が響いてきて、アカヤシオのピンクの花越しに華厳滝が大量の水を落としているのが見えてくる。このあたりは写真家がたくさん入り込んでいて、いくつもの踏跡が乱れている。自然保護の観点からは疑問を感じるところだ。

やがてササ原のジクザクの登りとなると、アカヤシオとともに西側の展望が開け、華厳滝、中禅寺湖、中宮祠の街並み、そして白根山を盟主とした奥日光の雪の山々の展望が開けてくる。さらに30分ほどで、ササ原の広場に建つ東京電力の送電線鉄塔の下に出る。北に男体山が大きくそびえ、西側は中禅寺湖から奥日光の山々が見渡せる。ここでのんびり休憩とする。

好展望の尾根歩きを楽しむ

ここからはしばらく下り、広葉樹林の中の岩のゴツゴツしたトラバース道をいく。このあたりの北斜面にもシロヤシオの群落が見られる。20分ほどでササ原に出ると茶ノ木平分岐にでる。南側の林道との間の尾根道が茶ノ木平へのルートだ。明智平から来ると間違いやすい分岐でもある。

ササ原の展望の良い尾根を東へ進むと、男体山から帝釈山・女峰山・赤薙山など表日光連山の展望が広がり、2番目の鉄塔・東京電力中禅寺湖線6号鉄塔に出る。この周辺はササ原となっている360度の大展望地で、シロヤシオやトウゴクミツバツツジも見られ、休憩や昼食に適している。

ここから少し下った平坦地はシロヤシオの大群落地であり、岩のゴツゴツした尾根を登り切って尾根道から少し左へいくと、西側が切り開かれた華厳滝展望台に出る。華厳滝や白雲滝が見渡せ、アカヤシオの開花期は多くのカメラマン

6号鉄塔ササ原からの男体山と女峰山方面を望む

が競うようにシャッターを切っている。

いよいよ明智平ロープウェイ山頂駅展望台はもうすぐだ。展望台からは、ロープウェイで明智平に下ってもよし、今来た道を戻ってもよし。ピストンコースは花々を2度楽しめる。また体力のある人は茶ノ木平を目指すのもよい。

《追記》現在、日光レイクサイドホテルは解体され、新たに高級ホテル「ザ・リッツ・カールトン日光」が、2020年7月に開業予定である。

アカヤシオと中禅寺湖から白根山

送電線鉄塔から明智平へのトラバース道

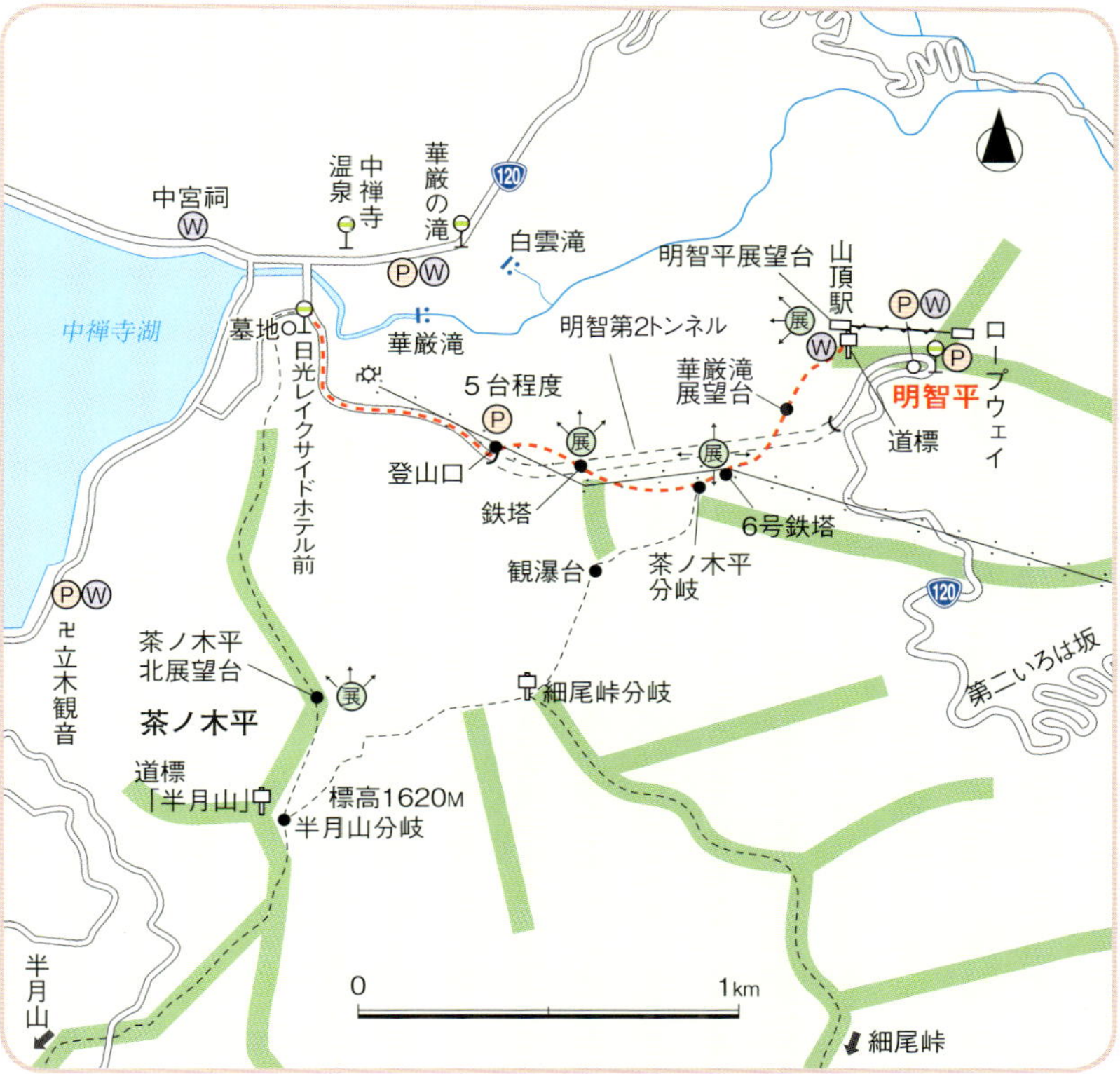

Course Time

日光レイクサイドホテル前バス停（10分）→明智トンネル中宮祠側登山口（30分）→送電線鉄塔（20分）→茶ノ木平分岐（20分）→明智平展望台

歩行時間　1時間20分

山頂への尾根から大笹牧場・女峰山を望む

02

日蔭牧場《ひかげぼくじょう》から夫婦山《めおとやま》

日光連山を眺め ヤマツツジ満開の尾根道を行く

夫婦山は日光市（旧栗山村）にあり、隣の月山とともに4月から５月にかけては県花であるアカヤシオ、シロヤシオ、ヤマツツジが咲き乱れる花の山である。登山口には日蔭牧場が広がり、尾根に上れば日光連山の大展望が広がる。特に５月中旬には、山々の新緑とともにヤマツツジの真っ赤な花がハイカーたちを迎えてくれる。

新緑が広がる日蔭牧場

登山口までは、公共交通機関の便がなく、車利用となる。

鬼怒川温泉から川俣温泉方面へ車を進め、日蔭牧場バス停の少し先にある「栗山ダム・日蔭牧場」と書かれた案内板を左折する。広葉樹の中のつづら折りの車道を進み、牧場第1ゲートに出る。放牧中はゲートが閉められているので、車を降りてゲートを開け、通過後はまた閉めることとなる。

牧場管理棟を過ぎて、さらにつづら折りの車道を進み高度を稼ぐ。車道が平坦になると、上部の牧草地となる。正面に重厚な丸型の月山を見て進むと、左手に小さな石祠が並んで立つ夫婦岩がある。夫婦山の山腹にあるこの夫婦岩は、夜になると寄り添うという言い伝えがある。

さらに牧場の中を進み、車道が一番高くなった地点で牧草地が終わる。ここが第4ゲートで登山口が現れる。車はこの第4ゲート周辺の道路沿いに置くことになる。

眺望抜群の山頂を目指して

ゲートのある登山口からはササの茂るカラマツ林の登りとなる。沢沿いのルートから左手へ緩やかに登ると、ヤマツツジも目立ってくる。ヤマツツジの群落を抜けると平坦地となり、二本松に出る。休憩と場所の確認には良いところだ。

ここからは、チョコンと乗った大岩が北側に見えていて、ここを目指すこととなる。北に向かって樹林の中に入るが、登山道はしっかりしており、大岩のある尾根に向かって登る。登り切ったところが大岩のふもとで、ここから夫婦山の南西尾根を登ることとなる。周囲はササ原で展望は抜群だ。日光連山をはじめ関東平野の大展望が広がる。

登山道はササが深かったり、左側に有刺鉄線があったりするので

夫婦山ではヤマツツジの競演が素晴らしい

伝説が語り継がれる夫婦岩

二本松から大岩を望む

注意が必要だが、周囲はヤマツツジが咲き乱れ、シロヤシオもきれいだ。緩やかな登りから、山頂まではササ原の最後の急登が待っている。ここを我慢して登り、平坦地となると夫婦山山頂は近い。

三等三角点（１３４１・６メートル）を置く山頂はササ原の中にあり、休憩や昼食をとるにはよいところだ。のんびり昼寝を楽しむには格好の場所だ。山頂の北側は樹林帯だが、南面はササ原が広がっている。眼下にはヤマツツジの咲く真っ赤な牧場が広がり、その先に大笹山、女峰山から男体山、白根山までの日光連山の雄姿が美しい。東側は栗山ダム、月山、関東平野の展望が広がっている。

日光連山を望みながら下る

下山は、ササを踏み分け、登って来た道を帰る。急降下を終えると、下に大岩が見えてくる。楽しいササ原の下山ルートである。日光連山の展望を楽しみながら緩や

深いササ原を登る

かに下る。下り切った先に大岩があるので、登ってみよう。大岩に登れば、いままで見えなかった明神ガ岳や馬老山、鬼怒川沿いの集落が望める。

1991年（平成3）発行の『栃木の山100』でこの夫婦山を紹介したが、当時このルートはヤブ漕ぎに近い状況だった。しかし、今回紹介した大岩ルートは、ササが深いところがあるもののしっかりした登山道となっていて楽しめる。一方、昨年周遊コースを歩いてみたが、こちらはヤブ漕ぎが厳しくなっている状況であった。

《追記》歩行時間3時間コースであり、お隣りの月山と併せて一日で2つのピークを踏むことも可能だ。特に月山は、4月下旬から5月上旬にかけてはアカヤシオの群落は県下でも1、2位を競う美しい山である。

シロヤシオと栗山ダム・月山を望む

ササ原が広がる夫婦山山頂（右端が筆者です）

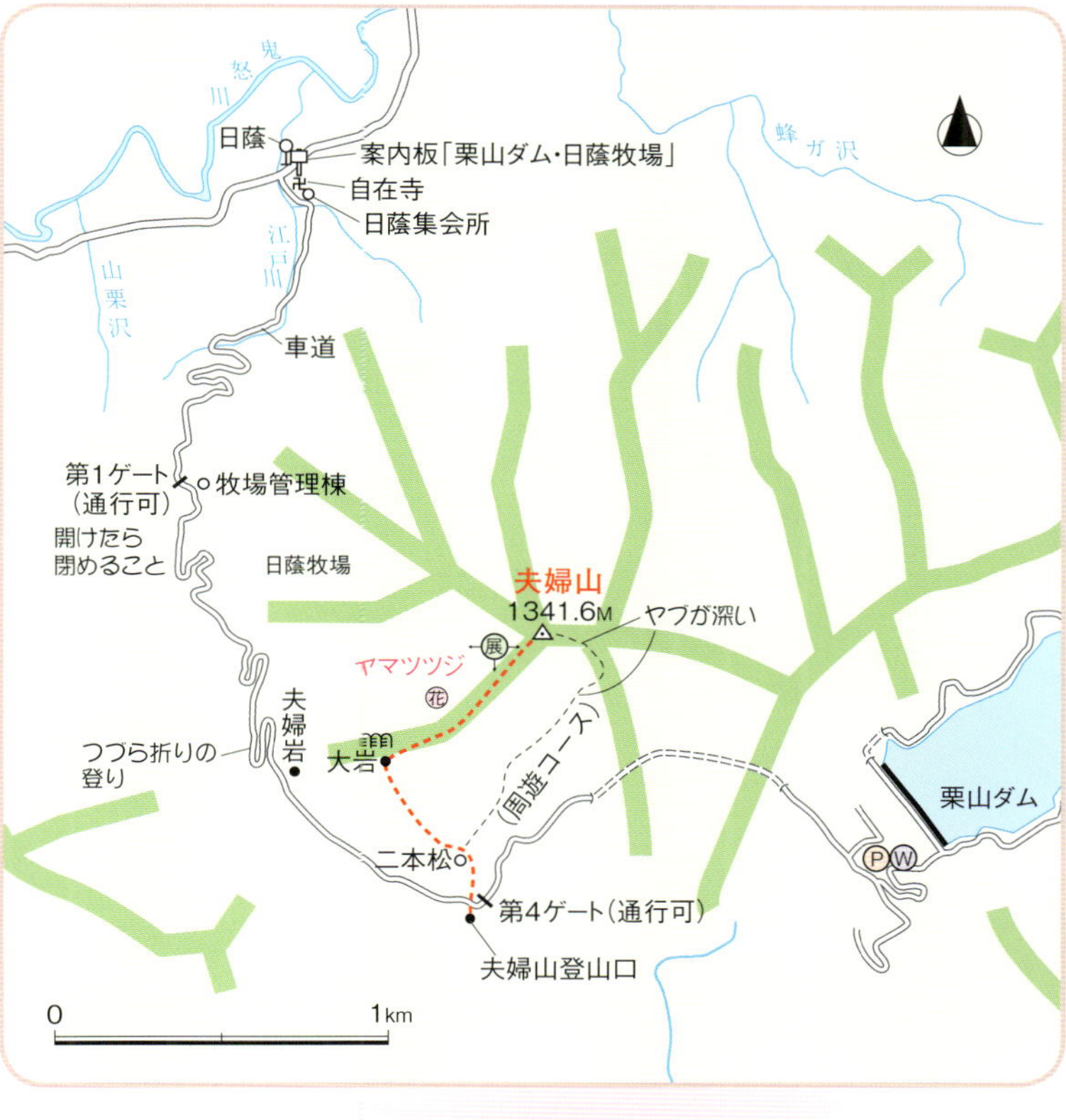

Course Time

登山口（30分）→二本松（70分）→夫婦山（30分）→大岩（50分）→登山口

歩行時間　3時間

男抱山山頂からの展望

03

ろまんちっく村から男抱山《おだだきやま》

悲恋物語が語り継がれる伝説の山

宇都宮市の北西部、ろまんちっく村の北にある双耳峰の小さな山が男抱山である。私は1985年（昭和60）当時、下野新聞に連載されていた「宇都宮の民話」の最終号「男抱山物語」で、この山に伝わる江戸時代の悲恋物語を知った。その年の5月、男抱山に初めて登り、「ふもとから見ると乳房のような形をしているので“男抱山”といわれているとか……」と色っぽい山行記録を書いている。そして、この山は1991年（平成2）の随想舎刊『栃木の山100』で初めて世に出た思い出深い山でもある。

出発地は宇都宮市農林公園・ろまんちっく村である。ろまんちっく村まではJR宇都宮駅から関東バスろまんちっく村行に乗り、終点で下車する。国道293号沿いに北へ向かうと、右側にただおみ温泉があり、その先にファミリーマートのあるT字路に出る。さらにすぐ先の国道左手、墓地手前から斜めに入る林道が登山口となる。

男抱山山頂に咲くヤマツツジ・トウゴクミツバツツジ

関東平野が広がる大展望

林道に入り、スギ林の中の小さな峠を越えて下っていくと、周遊コースと中央登山道の合流点である分岐に出る。ここから右手に見える大谷石の石段と鳥居を目指して登っていく。鳥居には金毘羅様の大谷石の額が掲げられていたが、今は鳥居のそばに置かれている。鳥居をくぐるとスギ林の中の急登となる。降雨のときなどはしっかり足元を確かめて登ろう。

やがて、クヌギ、コナラなどの雑木林となると、尾根に出て稜線歩きの心地よい緩やかな登りとなる。トウゴクミツバツツジやヤマツツジが現れてきて、気分を和ませてくれる。ほどなくして立派な大谷石の石祠が祀られている。さらに登ると岩場となり、宇都宮方面の南側の展望が開けてくる。新春の萌えるような柔らかな緑と岩場に咲くヤマツツジが美しい。

男抱山山頂直下の石祠

頂上直下には小さな石祠があって、これが山頂の縁結びの社として尊ばれ、恋の想いが相手に必ず届くと伝えられる祠なのだろうか。ここの岩場を登り切ると男抱山山頂（３３８メートル）である。

山頂からは３６０度の大展望台である。西側には鞍部を越えてマツの木に囲まれた富士山（西峰）がすぐである。その先には鞍掛山から古賀志山、多気山へと続く山並み、東側は近年宇都宮アルプスと称される篠井富屋連峰、そして南側には関東平野の雄大な風景が広がる。特に４月中下旬から５月にかけては、水田に張られた水がキラキラ光る美しい田園地帯が広がる。

昼食はヤマツツジのお花畑で

ゆっくり山頂での展望を楽しんでから双耳峰の西峰・富士山へ向かう。多少岩場の北側を降りて鞍部へと向かい、登り返すと岩峰の富士山山頂である。ここも３６０度の展望台だ。男抱山山頂より広いので、大人数での昼食などはこちらがよいだろう。山頂はヤマツツジのお花畑である。

ここから周遊路を南へ尾根を下ることとなる。雑木やマツなどの混交林の中、岩混じりの尾根道を

◆◇コラム・男抱山物語◇◆

江戸時代は元禄のころ、白沢宿にきし江という美しい乙女がいた。ふとしたことで、江戸から療養に西根部落に来ていた甚九郎と知り合い、お互いに愛情を燃やす身となった。

しかし男には妻子があって、いわば不倫の恋。甚九郎は思い悩み、毎日明け六つに恋文を白沢宿から燃やしてくれれば、男抱山の頂上からそれを眺めて満足するとの約束をした。ところがそれが姉にばれ、きし江は恋文を燃やすことができず、甚九郎は娘の将来を考え江戸へと旅立ってしまった。それを知ったきし江は悲嘆のあまり三日三晩食を取らず、ついに男抱山の露とはかなく消えてしまったのである。

その後、村人たちはこの娘に同情し、山頂に社を建てて悲恋の娘を弔ったと伝えられている。

満開のヤマツツジが見事な富士山山頂の展望台

☞ **Course Time**

ろまんちっく村バス停（10分）→登山口（40分）→男抱山（15分）→富士山（35分）→登山口（10分）→ろまんちっく村バス停

歩行時間 往復 1時間50分

ろまんちっく村から望む男抱山

下ると、西側が開けた大岩展望台に出る。ここからは古賀志山やふもとのろまんちっく村などが望める。さらに尾根道を進むと左手に下山道があってジグザクに急下降していく。緩やかな下りとなると、金毘羅様の下の分岐へ出る。あとはもと来た道を戻ることとなる。

男抱山山頂より宇都宮方面を望む。眼下には田園地帯が広がる

中尾根のアカヤシオと古賀志山

04

古《こ》賀《が》志《し》・中《なか》尾《お》根《ね》から559mピーク

アカヤシオとカタクリの群落に春の息吹を見る

宇都宮市の最高峰である古賀志山の春は、花の山である。今回紹介する中尾根は、古賀志山麓の細野ダムと富士見峠を結ぶ北コース北側の岩峰尾根であるが、尾根の取り付きから3カ所ある鎖やロープのついた岩場を外せば、初心者でも登れる明るい尾根コースである。特に4月上旬はカタクリの大群落と県花・アカヤシオのピンクで染まる隠れた穴場のコースだ。この中尾根から、古賀志山の北に台形のように見える559mピークを目指す。

カタクリ

宇都宮市の北西・福岡町にある宇都宮市森林公園駐車場が登山口となるが、交通の便があまりよくないので自家用車を利用したルートを紹介する。公共交通機関利用の場合、JR宇都宮駅から出ている荒針経由鹿沼行に乗り(約30分)森林公園入口で下車。森林公園までは約3㌔の道のりだ。時間や体力に自信のない人はさらに赤川ダムサイトの林道を西に進むとよい。古賀志山北コースと細野ダムの2つに林道は分かれるが、上の林道・細野ダム方面に車を入れる。細い林道なので、車の行き違いは出来ないので注意しよう。細野ダムを左下に見て少し進むとあずま屋が見えてくる。この周辺に3~4台車を置くスペースがあるので、ここを利用するとよい。ただしトイレ、水はないので森林公園駐車場で用を済ますこと。駐車場からゆっくり歩いても10分程度なので、体力に自信のある人は駐車場から歩いてほしい。

カタクリの群落を見ながら

準備ができたら、あずま屋の先にある橋を渡る。突き当りが登山口である。「火気に注意」の宇都宮市の標識があるところだ。急で滑りやすいジグザグの道を登ると明るい広葉樹となり、振り返れば丸い雲雀鳥屋がすぐ目の前。あたりはヤマザクラがちらほら咲き始めている。正面に大きな岩が出てくると、ルートは2つに分岐するが、直進し尾根の北側をトラバースするようになる。左へ行けば2番目のロープのついた岩場となるので初心者は入らないこと。

中尾根北面の岩峰を見上げながらトラバースルートをいくと、ゴロゴロ岩のルートとなるが、ちらほら足元にカタクリが咲いている。正面に丸いピークを見ながら進むとカタクリの花の色がだんだんと濃くなり、あたり一面のカタクリ

中尾根稜線下のカタクリの群落

の群落となる。左手の鞍部を目指して登る付近が大群落地。足元のカタクリを踏まないように、登山道を外れないように注意してほしい。登りきると中尾根の鞍部である。正面に三角形の古賀志山本峰が見えている。

大展望の尾根歩き

ここから尾根歩きが始まる。岩のある尾根の登りだが、不安なく登ることができる。振り返れば赤川ダムが下に見える。マツ林の丸い４６０ｍピークを超えると正面に日光連山が顔を出す。ちらほらと北斜面にピンクの花が見えている。県花・アカヤシオの花だ。ここから岩場の急降下となるが、慎重に足を踏み出す。鞍部へ降りたつと、岩のゴツゴツした痩せ尾根の登りとなり、登り切ったピークが４９６ｍ峰。マツの多い尾根歩きとなると正面に鋭角の烏帽子のような５５９ｍピークが見えてくる。２１１と刻まれた赤いペンキの石柱から左に折れるとヒノキ林となり、ここは尾根に登らずトラバースルートをいく。

再び尾根と合流し広い尾根の楽しい歩きとなる。登り切った小ピークには２２１と刻まれた石柱があり、小広場となっていて休憩するには良いところだ。ここから下り切った鞍部から南へ下りれば北コースと合流するのでエスケープルートとして利用できる。ゴロゴロ岩のルートを登ると、左手に古賀志山峰、右手に５５９ｍピークを見ながらのアカヤシオの群落の中での尾根歩きとなり、気分爽快になる。

アップダウンを繰り返し、正面にロープのついた岩場は右手にトラバースルートがあるのでこちら

スミレ

アカヤシオ

中尾根から赤川ダム・多気山を望む

☞ Course Time

細野ダム北登山口（30 分）→カタクリ群落の鞍部（30分）→ 211 の赤いペンキの石柱（40分）→ 559 mピーク（90 分）→細野ダム北登山口

歩行時間　往復　3時間10 分

をいく。この北斜面はカタクリの花の中である。トラバースルートから左手の尾根に上がり、広葉樹の中、ロープのついた急な南斜面を登っていけば５５９ｍピークは近い。ピークは広場となっており、南に古賀志山本峰、振り返れば日光連山から高原山、那須連山と大展望が待っている。この付近もアカヤシオのピンクの中である。帰りは、再び花を楽しみながら元来た道を戻る。

《追記》初出時では、林道を登山口Ⓟまで車で入れるように書いたが、なるべく森林公園駐車場からぜひ歩いてほしい。

赤川ダムと古賀志山

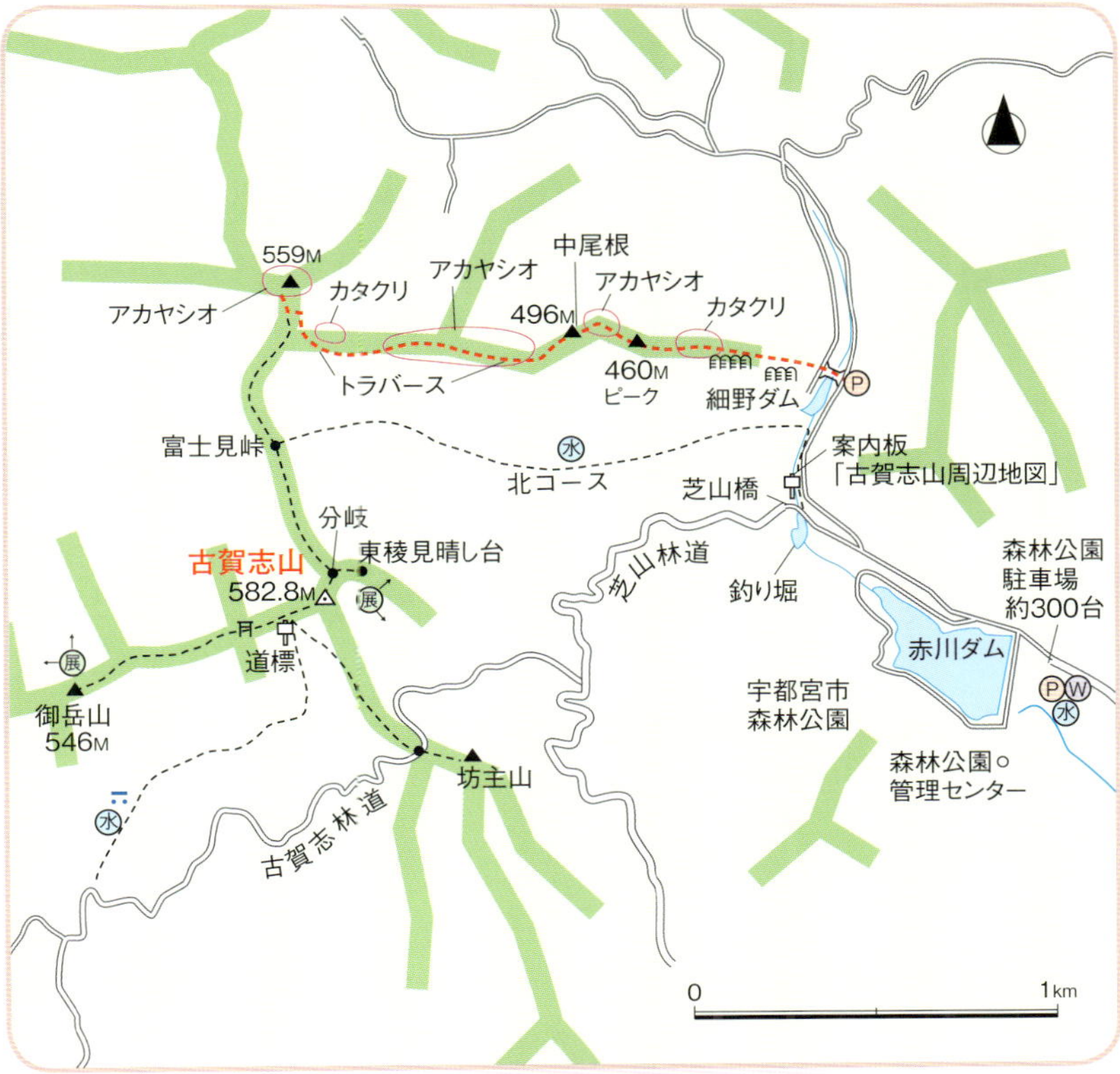

05

井《い》戸《ど》湿《しつ》原《げん》と横《よこ》根《ね》山《やま》

「小尾瀬」とも呼ばれるツツジに彩られた別天地

元湿原荘跡のあずま屋（写真中央の女性は、私の妻です）

前日光高原・古峰原湿原から横根山周辺は標高1200mから1300m程度の高原で、その山腹に井戸湿原が静かなたたずまいをみせている。5月から6月にかけてはアカヤシオ・トウゴクミツバツツジ・シロヤシオ・ヤマツツジ・レンゲツツジと次々にツツジの花を咲かせる「ツツジ讃花」の山でもある。井戸湿原は標高1300m、カラマツやシラカバ、リョウブなどの樹林に囲まれた小さな湿原だが、「小尾瀬」とも呼ばれ、花の時期には多くのハイカーや旅人が訪れる観光スポットでもある。

登山口でもある前日光ハイランドロッジまでは、公共交通機関の便がなく、自家用車で入るしかない。宇都宮方面からは、かつては旧粟野町（鹿沼市）から旧足尾町（日光市）との境にある粕尾峠で右折して林道を進み、前日光牧場入口から前日光ハイランドロッジまで入るしかなかった。現在の登山口までの最短ルートは、鹿沼市の古峯神社から直進する道路が古峰原湿原を経て前日光ハイランドロッジ入口まで整備された。ここから牧場内の管理用道路でロッジまで入ることとなる。

好展望の象の鼻展望台

前日光ハイランドロッジは、温泉もある宿泊・休憩施設であり、トイレ休憩を済ませたのち、牧場内のジャリ道を進むこととなる。この周辺は横根山を中核とする前日光県立自然公園であり、北を見渡せば目の前の牧場と方塞山、その奥に男体山から女峰山へと続く日光連山、西を見れば足尾の山々から日本百名山の皇海山が三角形の特徴のある山型を見せている。ロッジから先には車は入れないので、ここがスタート地点だ。

ジャリ道を進んでいくと、最初の目的地である象の鼻の展望台が見えてくる。牧場内のシロヤシオやレンゲツツジ、サクラなども開花時期は美しい。牧場の中には牛の群れも見えている。ゆっくりのんびりしたくなる風景が広がる。

井戸湿原への道標を左に見送ってジャリ道を直進すると、ほどなくして広場とトイレのある象の鼻展望台に出る。ここからの展望はこのコース第1のおすすめスポット。日光連山から足尾山塊、条件が良ければ遠くは富士山も見えている。ゆっくり休憩するには良いところだ。個人的には、本とビールを持ってきてのんびりし、昼寝には最高のところだと思っている。

横根山山頂

また、前日光ハイランドロッジを宿泊地として星空観察には最高だろうと考えているが、まだ実現していない。

ツツジ色に染まる周遊路

象の鼻からは、登山道となる。ヤマツツジや落葉樹の明るい森を下っていく。井戸湿原が近づけば、トウゴクミツバツツジが迎えてくれる。時期が早ければ、湿原の中は県花のアカヤシオが可憐に咲き誇っている。湿原は周遊ができて、真ん中に中央歩道があるが、直進して東へ向かう。いくつか散策路もできているが、湿原の東に出て五段ノ滝へと向かう。さほど下らないうちに五段ノ滝の標識が現れる。実際の滝はどう五段なのか不明だが、小さな滝である。

再び周遊コースへ戻り、中央歩道の北側へ出る。井戸湿原のまわりを周遊したので、中央歩道に入ってみよう。井戸湿原の全容が分かるが、「小尾瀬」というには、すこし小さい。それでも、ツツジの開花時期には、順を追ってピンク、紫、白、赤、橙の花々で周囲が染められていく。

井戸湿原からは、かつて井戸湿原荘があったあずま屋まで上っていく。ベンチなどが整備され井戸湿原を見下ろすところにあるので、昼食などの大休止には良いところ

五段ノ滝

トウゴクミツバツツジ

象の鼻の展望台

だ。周囲はトウゴクミツバツツジの群落だ。じつは高校生のころ、仲間と宇都宮から足尾行のバス（当時はバスが宇都宮から粕尾峠を経て、足尾まで走っていた）で粕尾峠まで行き、そこから湿原荘まで歩いて泊まった経験が何回かある思い出の場所でもある。ここからは、横根山までの登りで、ヤマツツジのトンネルの中を登りきると山頂だ。山頂からは西側の展望が開ける。ここを下ると、牧場内のジャリ道に出て、前日光ハイランドロッジに戻る。

《追記》近年、鹿沼自然観察会などを中心とした井戸湿原周辺の環境保全活動で外来・移入植物の除去が進められ、カラマツの除採などで、本当に「ツツジ讃花」の美しい高原となってきたと思う。

井戸湿原と木道

前日光牧場から日光連山を望む

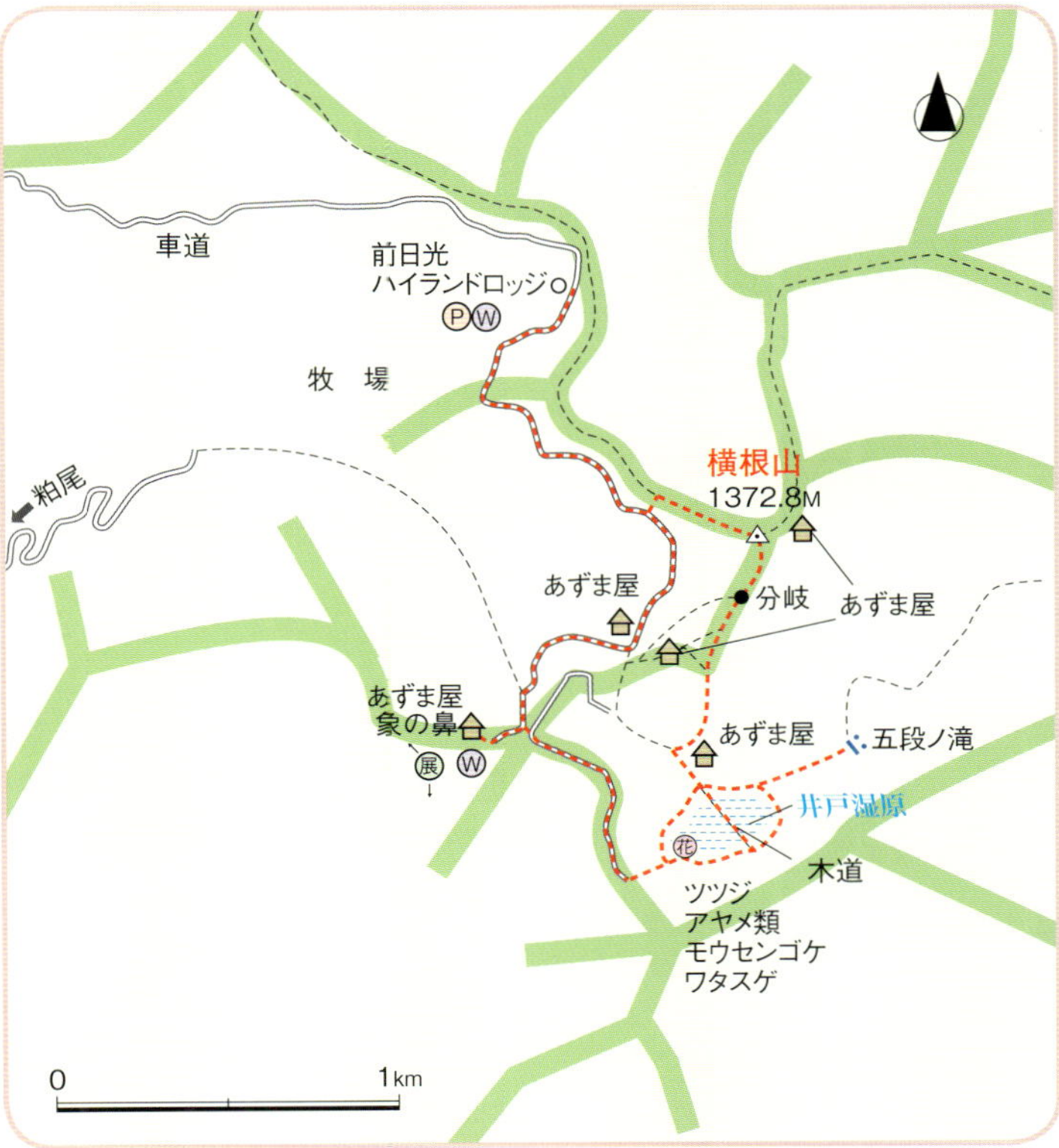

Course Time

前日光ハイランドロッジ（30分）→象の鼻（15分）→井戸湿原（15分）→五段ノ滝（40分）→横根山（20分）→前日光ハイランドロッジ

歩行時間　2時間

みかも万葉庭園と万葉館

06

三毳山花巡り《みかもやまはなめぐ》

次々と咲き誇るお花畑と天空に広がる大パノラマ

佐野市と栃木市の市界に位置する標高229mの低山・三毳山は、山全体が県営都市公園「みかもやま公園」として整備され、1年中、多くの人たちで賑わっている。南口広場、東口広場、西口広場と大きな駐車場が3カ所あり、とちぎ花センター、山頂広場、わんぱく広場、みかも万葉庭園、万葉自然公園かたくりの里などが整備され、四季を通じて、草花、低木、中高木に咲く花々が50種類以上楽しめる。

しかし、この三毳山が一番輝く時期は早春の2月から4月かもしれない。毎年、2月から4月にかけて「早春の花まつり」が催され、フクジュソウに始まり、ニホンスイセン、アズマイチゲ、カタクリ、ニリンソウ、サクラ、ヤマシャクヤクと次々に咲くお花畑が魅力的だ。

三毳山へは公共交通機関の便が悪いので、自家用車を利用しての紹介となる。登山口となる南口広場、東口広場、西口広場のどこから入ってもさまざまなルートが楽しめるので悩むところだ。今回は東北道・佐野藤岡ＩＣを下車して国道50号を東に向かい、南口広場の先の三毳山東麓の市道をとちぎ花センター隣の東口広場まで進み、ここに車を置いて周遊コースを歩いてみよう。

中岳山頂

東口広場は、とちぎ花センターと山頂広場を結ぶシャトルトレインバスの発着駅となっているが、なるべく全行程を歩いてほしい。今回のコースは、東口広場から野草の園を経て、カタクリ群生地のかたくりの園、そこから標高２１０メートルの中岳を登り、山頂広場、旧三毳の関から西口広場に下る。再び稜線まで登り返し、体力がある人は三毳山山頂である青竜ガ岳（２２９メートル）を往復し、東口広場へ下山するコースである。いずれもショートカットができるので、体力や時間を考えて安全なハイキングを楽しんでほしい。

公園管理事務所ではハイキングマップを配っているので、ぜひ参考にしてほしい。四方八方にルートができているので、逆に地図読みが難しく、方位を間違えること

斜面一杯に咲くカタクリ

がある。

カタクリやアズマイチゲに感嘆

最初は、野草の園である。2月中旬から次々とニホンスイセン、アズマイチゲ、ニリンソウの群落が見られる。谷ルートを進み、そこから尾根沿いに登っていくと、中岳中腹のかたくりの園に出る。3月下旬から4月にかけてはカタクリの群生地であり、三毳山北側斜面の万葉自然公園・かたくりの里の群生地と比較しても劣らないほどの感動が得られる。

ここから、多少階段状の急登となり、山頂が中岳である。あまり展望はきかないが、北側に三毳山最高峰の青竜ガ岳が三角形のきれいな姿を見せている。

ここから北側へは階段の急降下で、下り切った平坦地にはシャトルトレインバスの駅、山頂広場、あずま屋やトイレがあるので休憩には快適だ。

さらに岩尾根を旧三毳の関跡推定地まで下り、ここから西口広場まで下ることとなる。この斜面もカタクリとアズマイチゲの群落が楽しめる。

下ったところにあるのが、みかも万葉庭園と万葉館。万葉館では歴史的資料がパネルで展示され、庭園は万葉集にちなんだ植物が植栽されている。さらに下方は西口広場となり、みかもハーブ園や薬草園、ベニシダレザクラ、レンギョウ、ボケ、コブシなどの花々が迎えてくれる。

好展望の三毳山山頂

西口広場からは、再び登りとなる。万葉の路を少し登った左側に「東駐車場２０００《メートル》・青竜ガ岳

早春に咲くコブシの花

ボケの花

西口広場と青竜ガ岳

1400メートル」の標識がある。ここから、山道を登っていく。マツや広葉樹の明るい森の中のルートであり、左へ登り返すと谷の対岸に三毳山の大文字焼の行われる場所も見えてくる。

尾根に上がると青竜ガ岳に登る主稜線に出る。緩やかな明るい尾根を北にいくと、右に東口広場に下るルートがある。さらに直進し、岩尾根の急登で標高229メートルの三毳山の主峰・青竜ガ岳に着く。山頂は、電波塔があるが明るい台地で、日光連山から那須、上毛三山、浅間山から富士山の大展望が得られるので、自信があればぜひチャレンジしてほしい。

北に下れば、万葉自然公園かたくりの里である。今回は来た道を慎重に下山し、東口広場に向かうこととなる。

青竜ガ岳へのルート

☞ Course Time

みかも山公園東口広場（40分）→中岳（40分）→西口広場（40分）→青竜ガ岳（30分）→東口広場

歩行時間　2時間30分

田川の両岸にはしだれ桜がいっぱい

07

宇都宮《うつのみや》サクラ巡《めぐ》り

巨木・名木から 川沿いのプロムナードまで

栃木県の県庁所在地・宇都宮市は、二荒山神社を中心とした門前町と、近世・江戸時代の城下町がマッチした「わがふるさとのまち」である。

そんな宇都宮市中心部には、歴史的な史跡・旧跡とともに、市民に愛されている桜の名所が多数ある。

春を告げる慈光寺の彼岸桜で始まり、蒲生神社、八幡山公園、祥雲寺、二荒山神社など名の知られた名所のほかにも、田川や釜川沿いの桜のプロムナードなど、枚挙にいとまがない。

今回の「里山歩き」は、古くからの桜の名木だけではなく、近年植えられた桜も含めて、市内の桜名所をめぐる半日コースを紹介する。

祥雲寺のしだれ桜

出発は、JR宇都宮駅西口である。出かけるまえに、駅西口2階に大谷石の餃子像が移設されたので眺めていこう。

1階に降りて大通りを西に進むと、すぐに田川に架かる宮の橋である。田川の両岸にはピンクの花がいっぱいで、しだれ桜の回廊となっている。右岸・左岸のどちらを行ってもよいが、右岸側には江戸時代に〝時の鐘〟として使われた「およりの鐘」という銅鐘が楼門の上に吊ってある宝蔵寺がある。

春を告げる「赤門の桜」

田川沿いに北へ進むと、次の橋が奥州道中の幸橋で、次の県庁前通りの東橋まで、しだれ桜を眺めながらのプロムナードである。県庁前通りを左折して西へ進む。

宇商通りを経て、次の通りが赤門通りであり、北西角に「赤門の桜」で有名な慈光寺がある。樹高18メートル、枝張り15メートルで、樹齢180年、市内では最も早く開花することから、春を告げる「彼岸桜」と慕われている。濃いピンクが特徴の宇都宮市を代表する「桜の名木」の一つでもある。

ここから、さらに県庁前通りを西に進み、旧県庁本館の「昭和館」前を右に折れて直進する。塙田トンネルの前に石造りの大鳥居があ

慈光寺の彼岸桜

り、石段を登ると蒲生神社に出る。この大鳥居は、大正時代の第27代横綱栃木山守也が、宇都宮出身の初代横綱明石志賀之助の顕彰のために奉納したものだという。境内には明石志賀之助碑と石像が建っている。

　この蒲生神社は、「寛政の三奇人」として知られる宇都宮出身の蒲生君平を主祭神として建立された神社であるが、境内の桜も隠れた花見の名所である。

　ここから八幡山公園へは、神社の裏手を左右どちらから行ってもよい。公園は、宇都宮市民の憩いの場であり、サクラやツツジの時期などは多くの人で賑わう。公園の中心には宇都宮市のランドマーク・宇都宮タワーが建っているが、このタワーをバックにした桜も、なかなかなビューポイントでもある。

八幡山公園の桜に映える宇都宮タワー

釜川・田川沿いも新名所

　八幡山公園からは西口へ出て、県庁西通りを宇都宮中央警察署方面へ北に向かうと、すぐ右手が祥雲寺である。石段を登り山門を潜ると、大きさ県内第一のしだれ桜が目の前に現れる。樹高21メートル、枝張り最大25メートル、推定樹齢約300年という大木で、天然記念物に指定されている。4月初めには開花するので、じっくりと眺めてほしい名木である。なお、この寺からも八幡山公園の桜を望むことができる。

　ここからは、県庁西通りを南に進む。県庁西側には、まだ古くはないがしだれ桜が植えられ、県庁内の芝生の上でのんびりすることもできる。さらに県庁正面前通りを南に向かい、大通りを左に折れ

二荒山神社の満開の桜

てＪＲ宇都宮駅方面に行けば、宇都宮の総鎮守・二荒山神社である。大鳥居から正面石段を登れば、ソメイヨシノが満開の境内が待っている。

二荒山神社を下り、正面の御橋通りを南に進むと、釜川に架かる御橋に出る。近年は釜川一帯もしだれ桜の名所となり、「かまがわ川床桜まつり」が御橋東側の川床で開催され、花見客で賑わっている。

ここからは、時間があれば宇都宮城址公園まで足を延ばしてみたい。3月上旬から中旬にはピンク色の可憐な河津桜が公園一帯に咲き誇り、その後も別の桜が続いて咲く。帰りはＪＲ宇都宮駅まで、どの道をたどってもいいのだが、釜川を下り、田川沿いに北上すれば、宮の橋に出る。

県庁のしだれ桜

かまがわ川床桜まつり

Course Time
宇都宮市内散策
ゆっくり半日コース

ツツジの季節を迎えた古峰原湿原（峠登山口）

08

古峰原《こぶがはら》湿原《しつげん》から方塞山《ほうさいさん》

ヤマツツジやズミの咲き競う古峰原高原を歩く

鹿沼市の西に位置する古峰原高原は、1200mから1400m台の標高を持ち、宇都宮方面から西を望むと、馬の背のようななだらかな山稜が望まれる。ここには古峰原湿原や井戸湿原などの美しい湿原とそれを囲む広葉樹の豊かな森があり、春にはアカヤシオ、シロヤシオ、ヤマツツジ、レンゲツツジなどのツツジ類の群落が次々と咲き誇る別天地となる。この高原は、1955年（昭和30）に前日光県立自然公園に指定され、高原の中心となる標高1280mの井戸湿原とその周辺は特別保護地域として保護されている。高原の中のいくつかのハイキングルートで、ヤマツツジが満開の時期の初心者向けの古峰原湿原から方塞山までのコースを案内する。

三枚石への登山道

登山口の高原の中核の一つをなす古峰原湿原までは、公共交通機関の便がなく、自家用車利用となる。また、湿原の駐車場は10台程度しか駐車できないので、できるだけ早く到着するか、平日ハイクがベターである。

　古峰原湿原までは、鹿沼市方面から県道58号線を山麓にある古峯神社を経てさらに直進する。途中、健脚向けの三枚石新道や地蔵岳入口を見ながら、つづら折りの車道を登っていくと、標高1144《メートル》の古峰原峠に着く。ここが登山口の古峰原湿原であり、芝生広場にはあずま屋や標識があり、西側前方には古峰原湿原が広がっている。あたり一面はヤマツツジの真っ赤な花が咲き誇っている。

山岳信仰に思いをはせる

　右手の林道を100《メートル》ほどいくとログハウス風の無人小屋の古峰原ヒュッテがあり、さらに進めばかつて日光開山の勝道上人が修行をし、多くの山岳信仰の修験者の修験の場であった「深山《じんぜん》巴《ともえ》の宿《しゅく》」が木立に囲まれており、石の祠や小さな池を見ることができる。時間があればここまで訪ねてほしいが、三枚石へのルートはもとの峠の駐車場まで戻ることとなる。

　駐車場から首都圏自然歩道の案内に従い、ツツジの中の登山道を

新緑に映えるヤマツツジとズミ

南へ進み、一の鳥居をくぐり三枚石を目指すこととなる。

このコースは最初から下山まで緩やかなアップダウンのコースであり、のんびりゆっくり周囲を散策しながら登ろう。足元にはマイズルソウ、ハルリンドウ、チゴユリやヤマツツジ、ズミ、ヤマザクラなどの花々が可憐に咲き、ミズナラ、シラカバ、カエデ、リョウブなどの広葉樹林の新緑が美しい季節である。緩やかな登りで二の鳥居があって平坦地となるので休憩しよう。

ヤマツツジのトンネルを抜けて

ここからは、巨岩がゴロゴロする登山道となり、その間を縫うように登っていく。やがて緩やかな平坦地となると天狗の庭に出る。その昔、天狗たちが十五夜に酒宴を催したところらしい。さらに緩やかな尾根道を登ると台地となり、右手樹林を20《メートル》ほど入ると三等三角点の標石がある。多少わかりづらいが探してみよう。地図読みのトレーニングである。

もとの登山道に戻り、さらに進むとほどなくして三枚石である。右側に6《メートル》ほどの高さの三枚の石が斜めに積み重なっている。石を背にして金剛山奥宮が祀られている。周囲は広場となっており、休憩するには良いところだ。

巨岩がゴロゴロする天狗の庭

三枚石と金剛山奥社

方塞山から横根山方面を望む

休憩に最適な方塞山の広場

さらに南へ尾根上のルートを進めば、ヤマツツジがトンネルのように多くなり、ツツジ平に出る。朱赤色のヤマツツジを楽しみながら歩き、いったんカラマツ林の中を下り登り返した平坦地が方塞山（1388メートル）である。電波塔が建つ方塞山は古峰原高原の最高峰で、前日光ハイランドロッジ方面の南側の展望が開けている。

コース案内では、ここからピストンでもと来た道を下山となるが、体力のある人や時間に余裕のある人は、ぜひ横根山や井戸湿原まで足を延ばしてほしい。しかし、あまり無理をしないのが中高年登山の鉄則である。

《追記》山名や地名の表記で「古峰ヶ原高原」は、本書では「古峰原高原」と記しました。以下の本文でも同様です。

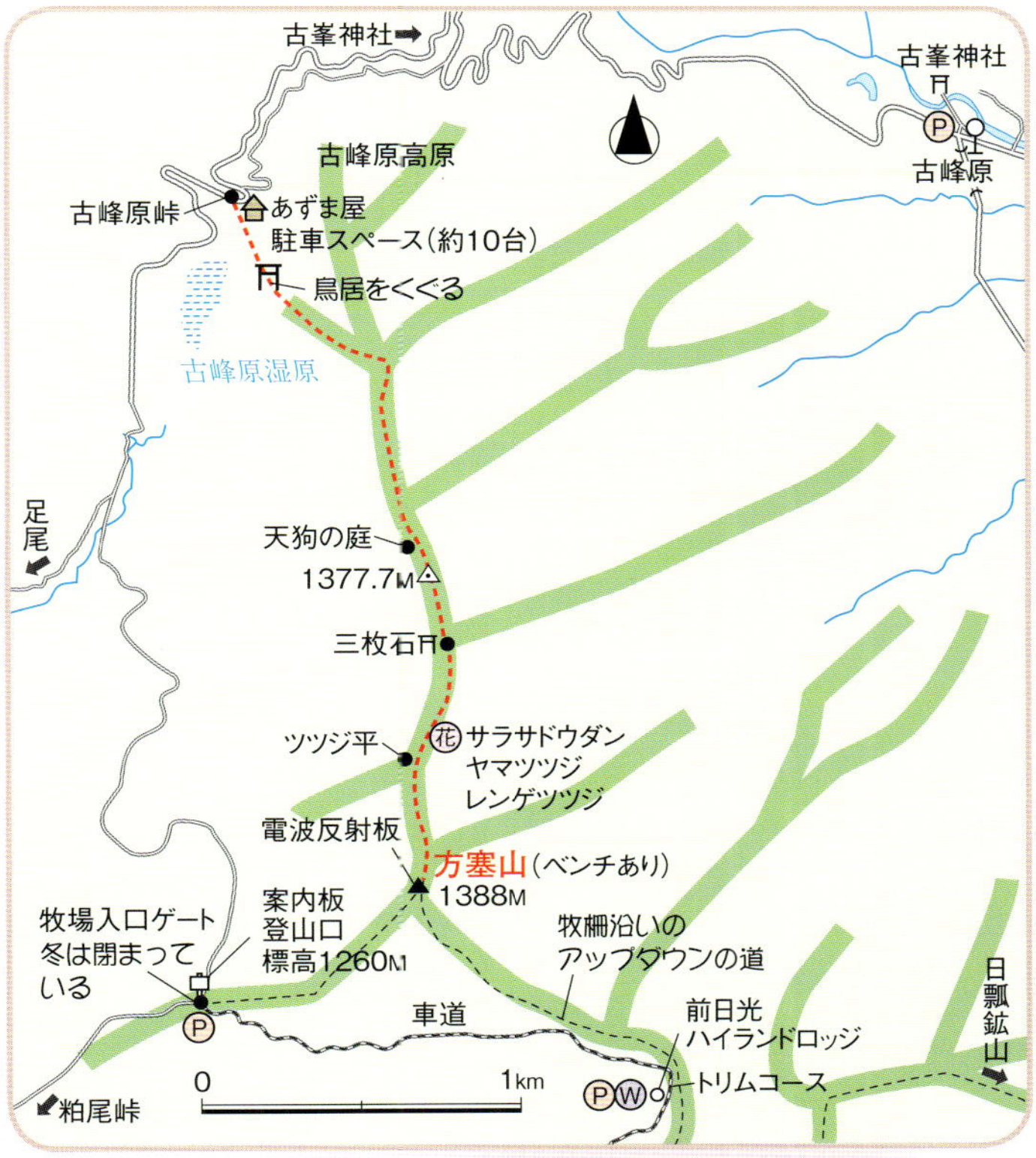

☞ Course Time

古峰原湿原（60分）→三枚石（5分）→ツつじ平（15分）→方塞山（20分）→三枚石（50分）→古峰原湿原

歩行時間　2時間30分

山での怖い生き物（クマ）

私は、現在に至るまで50年余にわたる登山・ハイキングで、クマとの遭遇は4回ほどしかない。そのうち2回は奥日光・赤沼から千手ガ浜までの林道でのことだ。

1回目は千手ガ浜から赤沼へ戻る途中、ハイブリッドバスに乗っていると、ランナーらしい人が「クマがすぐ近くにいる」と慌てて乗ってきた（ハイブリッドバスはどこでも乗り降りできる）。その直後に車の中から外を見ると、外山沢川を渡ってツキノワグマが森の中に走り去っていった。

もう1回は、実は見ていないのだが、ルンルン気分で西ノ湖バス停から千手ガ浜までの林道を歩いているときに、樹木の上でクマさんが楽しんでいたらしい。私はまったく気がつかずに、その場を過ぎたのだが、後から来たハイカーに林道のすぐ近くの樹の上にクマがいたと言われてビックリしたことを思い出す。

それ以外は、那須の中ノ大倉尾根で、登山道のはるか彼方をクマが横切っていったくらいだ。

最初のクマとの遭遇は衝撃的である。１９８７年（昭和62）宇都宮ハイキングクラブ創立5周年記念事業として取り組まれた北海道・大雪山山行の際のヒグマとの遭遇である。

8月9日から12日までの3泊4日で会員12名が参加し、旭岳、間宮岳、白雲岳、黒岳を経て層雲峡へ下山した。

8月11日（火）には白雲岳避難小屋を出て、高根ガ原まで行って戻る途中右手の雪渓の反対側にキバナシャクナゲの群落が広がっていることが確認でき、みんなで雪渓を横切って見に行った。キバナシャクナゲ、イワウメの大群落がそこにはあった。

私は北海道のお花畑は素晴らしいと満足しながら何となく雪渓を見上げると、１００㍍ほど先に雪渓の中で黒い岩がユラユラと揺れて見えた。

経験的に、雪渓には風が吹いて暖かい風と冷たい風が交互に吹き、蜃気楼のようにユラユラと見えることがある。その岩がさらに動いて横向きになるとまさしくクマの形（当然ヒグマである）であった。

「クマだ」と叫んだと思う。みんなが驚き、「落ち着いて」「走るな」などの声があったようだが、心と行動は一致しないようだ。必死に登山道に戻ってほっとするものの、ヒグマさんはこちらを睨んだまま動かない。白雲岳避難小屋に戻りホッとするも、参加者の一人が私のほうをさして「クマだ」と絶叫した。私のすぐ背後にヒグマが迫ってきたのかと死ぬほどビックリしたが、かのヒグマは私のはるか背後の雪渓を横切りブッシュの中に悠然と消えていった。

このヒグマはK子と呼ばれていて、定点観測の対象となっていたようだ。私たちは監視小屋の監視員から、ヒグマのいる危険ゾーンに入ったことなんだよと、きついお説教をいただいた。

西ノ湖入口の市道1002号線脇に現れたツキノワグマ（撮影：辻岡幹夫）

那須高原八幡のベニサラサドウダン

夏

登山路からロープウェイ山頂駅・那須野ガ原を望む

09

峰《みね》ノ茶《ちゃ》屋《や》から茶《ちゃ》臼《うす》岳《だけ》

遥か遠くからも噴煙が望める那須連山の主峰

2003年夏号では、那須・茶臼岳の北側対面に位置し、「ニセ穂高」「那須穂高」とも呼ばれる朝日岳を紹介したが、今回は那須連峰の主峰ともいってよい標高1915mの茶臼岳を登ろう。

今なお豪快に噴煙を上げる活火山だ。那須岳ロープウェイを利用すれば家族連れでも頂上に立てる。今回はロープウェイ山頂駅から頂上を目指し、峰ノ茶屋に下り、登山指導所からロープウェイ山麓駅に戻る周遊コースだ。8月下旬からはエゾリンドウが待っている。

那須岳ロープウェイ山麓駅が出発点になる。公共交通機関利用の場合、JR東北本線黒磯駅（新幹線の場合はJR那須塩原駅）から東野バス那須岳ロープウェイ山麓駅行に乗り、終点で下車する。自家用車利用の場合は、ロープウェイ山麓駅の無料駐車場を利用することとなる。ただし、ベストシーズンの夏や紅葉時期は早朝から駐車場が満車となることも少なくない。

ロープウェイの中からは、アルペン的な朝日岳の雄姿や雄大な那須高原を見下ろしながら、5分間の空中遊覧を楽しみ、ロープウェイ山頂駅に着く。ここから先はトイレもないので、水やトイレの用を済ますこと。ここからが登山コースとなる。

エゾリンドウ

遮るもののない大パノラマ

森林限界を超えた山頂駅前の広場から那須野ガ原の展望を楽しみ、右に緩やかにカーブしながら登っていく。5分ほどで牛ガ首へのコースと分かれ、直進する。ザクザク・ガレガレの歩きにくい火山礫の登山道をゆっくり着実に登る。

那須一帯はガスによる視界不良や強風・強雨が有名で、多くの山岳遭難事故を起こしている。ところどころの岩につけられた山頂へ

峰ノ茶屋からのルートとの合流点

のルートを示す黄色の矢印を確認しながら登ろう。

巨岩帯となると、岩の間を登り越える急登となる。振り返ると、さきほど降りた山頂駅が小さくなって見える。階段状の登りを終えると、火口壁の東縁に出て峰ノ茶屋からのルートと合流する。ここからは火口壁を周遊するような緩やかな道となり直進する。

少し進むとルートの南東側に1897・6メートルの四等三角点標石がある。2万5000分の1の地形図「那須岳」を片手に、三角点標石探しも地図読みの楽しみだ。さらに旧火口を右に見ながら5分ほど進むと鳥居があり、その奥に那須岳神社が祀られている。1915メートルの茶臼岳山頂である。ここでゆっくり休憩しよう。

展望は360度で、間近に朝日岳、その奥に隠居倉から那須連山の最高峰・三本槍岳、大倉山から三倉山の稜線、遠くは飯豊・朝日、磐梯山の雄姿が望める。

ロープウェイ山麓駅

可憐なエゾリンドウに感激

ここから、姥ガ平を左下に望みながら、時計回りで火口壁を歩き、西縁から北縁を進み、峰ノ茶屋へ下るルートと合流して北へ下ることとなる。茶臼岳の北東の斜面を下る岩の間の登山道だが、ルートはしっかりしているので不安はない。

那須岳神社

左側に回り込むと、ゴーゴーという噴気の音が聞こえ噴煙も上がっている。階段状の登山道を下れば、牛ガ首と峰ノ茶屋を結ぶルートに出て、下にログハウス風の峰ノ茶屋避難小屋を見ながら緩やかに下っていく。正面に朝日岳から隠居倉の稜線を見渡す「これぞ那須！」といった好展望が広が

茶臼岳山頂

峰ノ茶屋から朝日岳を望む

る。

ただし、ガスのときなどは、このあたりは平坦なガレ場なので自分の位置を見失うこともある危険地帯でもある。きちんと黄色の矢印を確認しながら、正規の登山道を歩こう。

峰ノ茶屋はゆっくり休憩するには良い場所だ。この周辺から下の登山指導所までの登山道では、8月下旬からエゾリンドウの可憐な紫の花に出会えるだろう。峰ノ茶屋からロープウェイ山麓駅までは、朝日岳を左に見ながら、一本道を下ることとなる。

峰ノ茶屋への登山口の狛犬

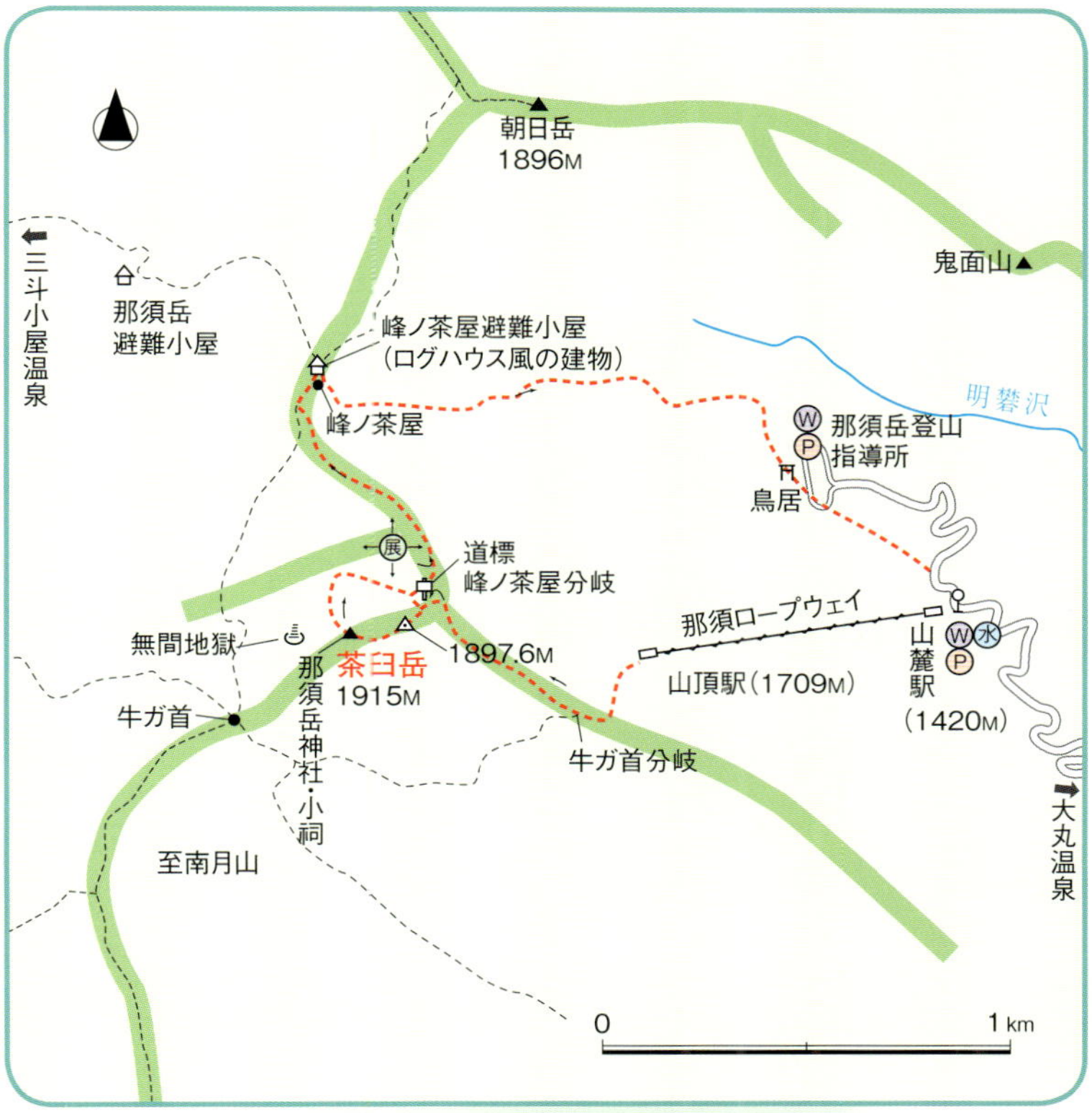

Course Time

那須岳ロープウェイ山麓駅（5分）→山頂駅（45分）→茶臼岳山頂（35分）→峰ノ茶屋（50分）→登山指導所（15分）→ロープウェイ山麓駅

歩行時間　往復　2時間30分

霧降高原斜面での高山植物

10

天《てん》空《くう》回《かい》廊《ろう》と丸《まる》山《やま》

黄金色にそよぐ ニッコウキスゲに誘われて

日光市霧降高原は、日光連山の東端に位置する標高1300mから1400mの高原だ。ニッコウキスゲが開花する6月下旬から7月中旬までは、梅雨の時期でもあり、その名のとおり霧の発生する日が多い地域だが、初夏の花・ニッコウキスゲの黄金の絨毯を敷きつめたような世界となる。ニッコウキスゲはこれもその名のとおり、日光を代表する高山植物で、霧降高原は日本を代表する群落地でもある。かつてはスキー場があり、キスゲ観賞用リフトもあったのだが、「日光市霧降高原キスゲ平園地」として、1445段の階段を歩いて登る天空回廊として整備された。この階段を登り、さらに小丸山から丸山山頂を目指すコースを紹介する。

ニッコウキスゲの開花する期間は、キスゲ平まで観光で訪れる人も多く、駐車場はかなり混雑する。できるだけ早く駐車場に車を入れないと満車の可能性もある。そこで、今回は、公共交通機関を利用するハイキングとして紹介する。

ＪＲ日光駅から霧降高原または大笹牧場行の東武バスに乗り、霧降高原バス停で下車する。ここにはリニューアルした霧降高原レストハウスがあり、トイレ休憩や水の補給を行うことができる。西側には展望広場（ソリゲレンデ）があり、ここからでも大パノラマの関東平野を一望することができる。

出発点となる霧降高原レストハウス

キスゲに包まれた天空回廊

この霧降高原レストハウスから小丸山展望台まで、直登で１４４５段の木組みの階段が整備されている。標高差２４０メートル、ゆっくり周囲の散策路を歩いても70分で着く。特に後半は直登となり、多少ハードな汗をかくコースとなっているが、カメさん歩きでのんびりと小丸山展望台を目指そう。

園内はゆっくりとニッコウキスゲが鑑賞できるよう、緩やかな遊歩道も整備されている。どのように進んでも、回り道をしてもＯＫなので、自分の体力や体調を考えて園地ハイキングを楽しんでほしい。どこに行ってもキスゲの群落

遊歩道から見える斜面はキスゲでいっぱい

が優しく迎えてくれるだろう。

　天空回廊のところどころに展望デッキが西側に張り出ている。途中息を整えるには良いところだ。徐々に高度が増し、展望が拡がり、登ってきたなと実感できるデッキだ。吹きぬける風がすがすがしい。眼下の高原ハウスや日光市街がはるか遠くに見える。関東平野はさらにはるかに広がる。もうすこしで小丸山だ、頑張ろうという気になれる。

　そして1445段の階段を登り切り、小丸山展望台へと上がる。展望台からは、日光の山々、会津の山々、筑波山、富士山、そして東京スカイツリーなどが心ゆくまで楽しめる。

丸山山頂から赤薙山方面を望む

大展望が広がる丸山山頂

　ここからは北東方向に転じ、すぐとなりに見える丸山山頂を目指す。シカの侵入を防ぐネットをくぐった先は広場で、休憩や昼食には良いところだ。

　かつては日光市街から霧降高原のキスゲの黄色の絨毯が遠望できたが、現在はシカの食害でクマザサの刈り払いやキスゲの補植作業を行い保全活動を続けてきて、現在のキスゲ群落が保たれているのが現状だ。

　気持ちの良いササ原の木道を進むと、やがて登りになる。岩のゴロゴロした登山道を登り、緩やかな道となれば広い丸山山頂広場に出る。ここからの展望も日光・旧今市市街から関東平野への大展望が広がる。ここで、弁当を広げて初夏の日光の大自然を楽しむのもよい。西隣りは赤薙山の雄姿だ。のんびり、昼寝もしたい山頂でもある。

ゴールの1445段

高原を黄金色に染めるニッコウキスゲ

丸山へのルートから小丸山展望台を望む

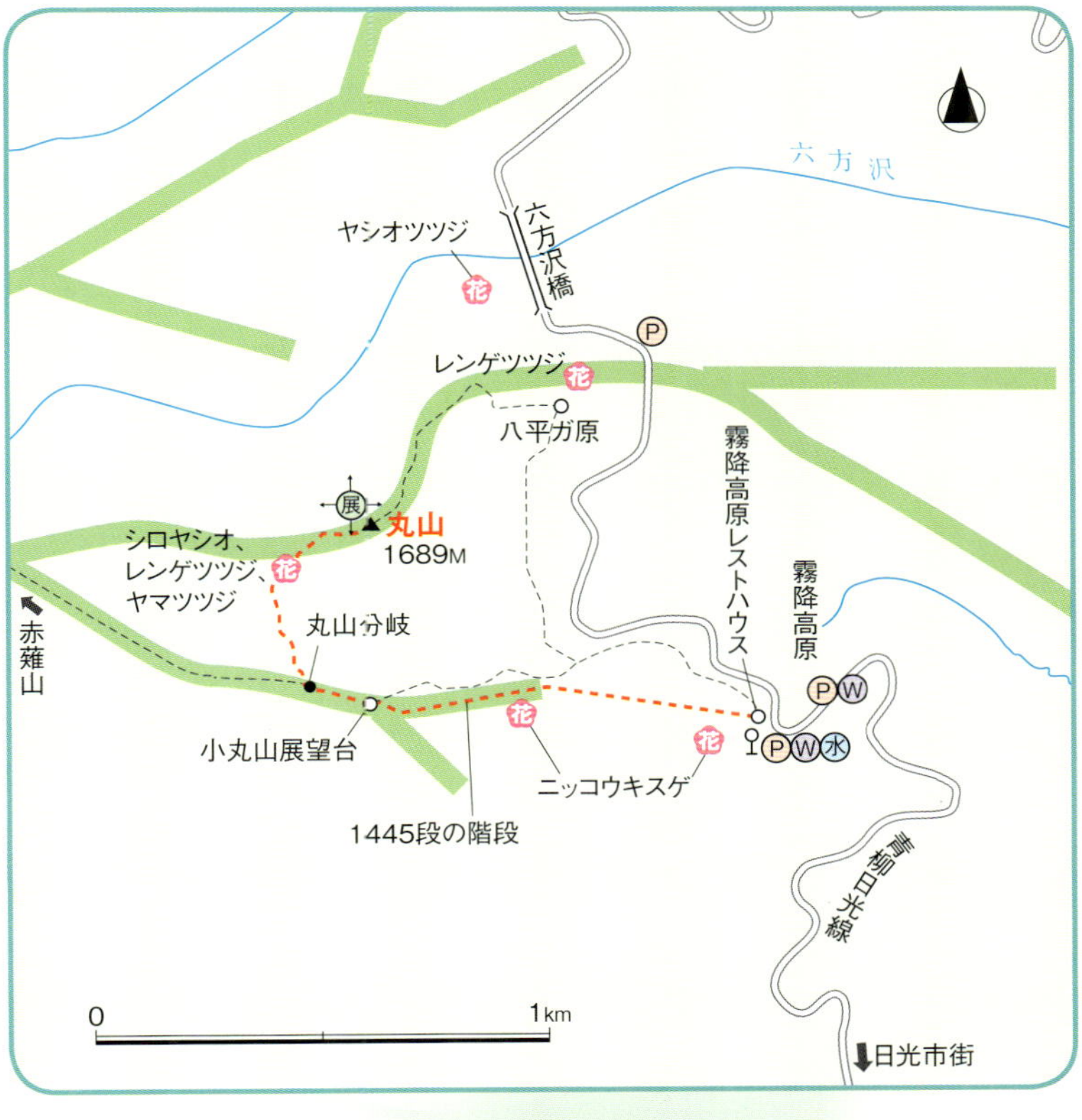

下りは、体力に自信があれば八平ガ原を経由しての下山も可能だが、今回はもと来た道を引き返すこととする。

Course Time

霧降高原バス停・駐車場（70分）→小丸山（25分）→丸山山頂（70分）→霧降高原バス停・駐車場

歩行時間　往復　2時間45分

男体山全景

11

志《し》津《ず》乗《のっ》越《こし》から 男《なん》体《たい》山《さん》

志津乗越からのピストン登山に挑む

毎年夏の7月31日から8月7日にかけて登拝祭が行われる奥日光・男体山は、栃木県を代表する山の一つだ。「下野富士」「日光富士」とも呼ばれている。どこから見ると美しい富士山形なのかと考えれば、やはり中禅寺湖を前景にしてそびえ立つコニーデ形のおおらかで秀麗な山容がすばらしいと思う。標高では隣の奥白根山に負けるが、日光連山の盟主としてどっしりと腰を落としている。中禅寺湖側の中宮祠から登ると、標高差1200m、4時間強のきついコースであるが、この夏は最短コースの北側・志津乗越からのピストン登山にチャレンジしよう。

樹林帯の中を行く

登山口の志津乗越までは公共交通機関の便がなく、自家用車でジャリ道の志津林道を走ることとなる。戦場ガ原の三本松駐車場以後はトイレがないのでここで準備を済ませること。戦場ガ原から光徳牧場への車道を進み、車道が北へと向かうところを右折して三本松方面へ少し戻り、カラマツ林の中の林道を左折する。この志津林道をどこまでも道なりに進むと、男体山と大真名子山との鞍部である志津乗越に着く。ここは車が10台から20台おける駐車広場となっているが、最近は早朝に着かないと満車の場合も多い。その場合、乗越から先は車が入れないので、手前の林道の路肩に置くこととなる。

頂上目指しひたすら登る

T字路の駐車場から南に延びる林道を進むと、すぐに男体山の志津登山口である。ササ原の樹林を5分ほどで二荒山神社が所有するログハウス風の無人避難小屋に出る。この小屋は登山者に無料開放している。近くに水場があるが、そのままでは飲めない。ここは志津宮神社の社務所も兼ねていて、古くは峰修行の拠点となっていたそうだ。今でも男体山から女峰山を経て東照宮へ出る縦走コースの宿泊所となっている。

御姥さんの石像を拝し、樹林の中の緩やかな登山道を登ると右手

ハクサンシャクナゲの群落

に堰堤を見て1合目である。さらに登っていけば、2合目で視界が開け堰堤のあるガレ場に出る。振り返れば、太郎山と大真名子山が大きい。

右側がガレている登山道を登っていけば、再び樹林の中に入る。傾斜も増してくるが、溝のような荒れた登山道を焦らずにゆっくりと登る。赤土で滑りやすい個所や段差の厳しいところもある。木の根や枝を利用して、合目をひとつひとつ刻みながら、展望のきかない樹林の中をひたすら登る。やがて、左側の斜面が切れ落ちた鼻毛ノ薙の突き上げに出れば、大真名子山と女峰山が見えてきて、7合目に着く。このあたりから、ハクサンシャクナゲやイワカガミ、ゴゼンタチバナなどの高山植物が迎えてくれる。

眼下に広がる雄大なパノラマ

さらに、登っていくとダケカンバや低灌木帯となり、高山的な雰囲気が漂い、視界が開ける。山頂の小屋や祠と爆裂火口跡が見えてくると8合目である。ハクサンシャクナゲがきれいな赤茶けたザレた登山道を緩やかに登っていけば、小さな広場の9合目に出る。あとは、爆裂火口の縁を緩やかに右にカーブしながら平坦な登山道を進めば、一等三角点標石と大きな岩の上に天を突く大きな宝剣のある山頂に着く。

山頂の高さは、「2かける4は8よ」とか「にしはし」と覚えたものだが、その標高は一等三角点の高さであり、現在の男体山の標高2486メートルはその隣にある宝剣がたっている自然石の大岩のてっぺんの高さである。

ここから、西に緩やかに下って

志津側登山口

2合目のガレ場から太郎山を望む

男体山山頂と一等三角点

足下が不安定な登山道

いけば、二荒山神社の奥宮と社務所があり、二荒大神の銅像が立っている。目を南に移すと、眼下に中禅寺湖、右手に高山から小田代原、戦場ガ原からその奥に日光白根山の雄姿が拡がる。ゆっくり展望を楽しみながら昼食としよう。時間があれば、のんびり昼寝もよいものだ。

　帰りは荒れた登山道に注意しながら、志津乗越へと向かう。

《追記》志津乗越駐車場は、現在駐車禁止となっており、裏男体林道を2キロほど入った梵字の駐車場までしか入れない。梵字の駐車場から志津乗越までは片道80分ほどのアルバイトが必要となり、志津コースはロングルートとなってしまっている。

男体山山頂で「はい、チーズ!」

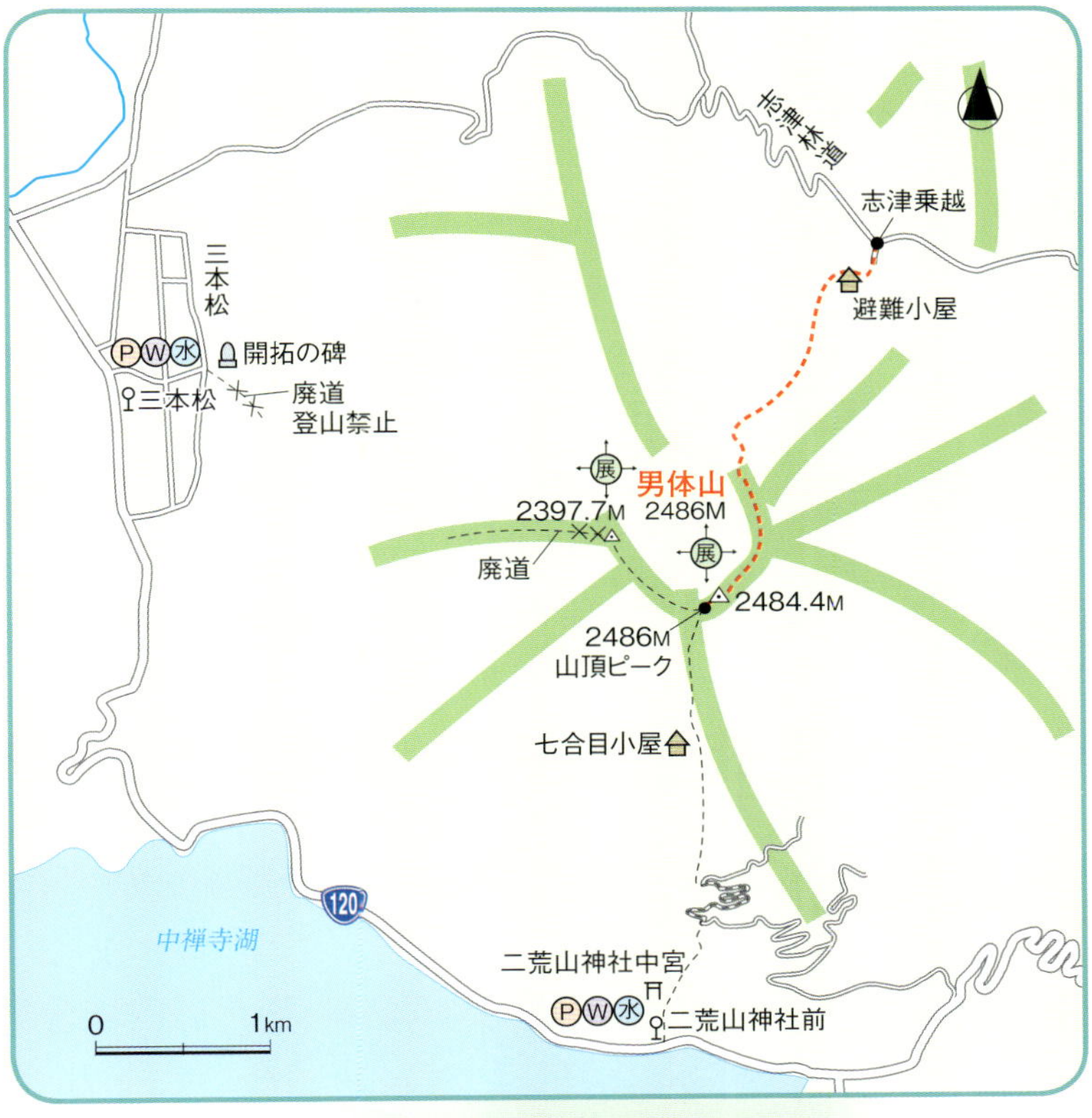

Course Time

志津乗越（2時間40分）→男体山（1時間40分）→志津乗越

歩行時間　4時間20分

（現在は梵字駐車場から志津乗越まで片道80分が必要）

山王峠と山王帽子山

12

光徳温泉《こうとくおんせん》から山王帽子山《さんのうぼうしさん》

奥日光の別天地で森林浴を満喫

今年の夏は、標高1440mの光徳温泉・光徳牧場から山王峠を経て、2077mの山王帽子山を目指そう。この登山道の奥には、日光山の盟主の一つ太郎山が控えているが、山王帽子山までででも奥日光の山々を十分堪能できる。山頂からは、県内最高峰の奥日光白根山、男体山、戦場ガ原、中禅寺湖、そしてはるか尾瀬の双耳峰・燧ガ岳も見えている。

山王峠標識

JR日光駅または東武日光駅から光徳温泉経由の奥日光・湯元温泉行に乗り、光徳温泉・日光アストリアホテル前で下車する。自家用車の場合、光徳温泉・日光アストリアホテル北側に県営駐車場があるので、ここに駐車することとなる。なお、この先トイレはないので、ここで用を済ませておくこと。

今回のコースは自家用車の場合、光徳牧場から山王林道を進むと山王峠を経て川俣温泉までの林道が整備されているので、山王峠まで上がれるのだが、今回は公共交通機関利用者も考えて、光徳牧場からゆったり森林浴を楽しむこととしたい。

緑の森を緩やかに登る

光徳温泉・日光アストリアホテルまたは県営駐車場から、ストレッチの準備体操をしてから歩き出す。日光アストリアホテルは、日光湯元温泉からの引湯だが、湯量はかなり豊富で泉温も高く、白濁の硫黄泉である。大浴場のほか露天風呂もあり、日帰り入浴も可能なので、ハイキングの後の楽しみも倍加しそうだ。

山王林道を横切り、光徳牧場売店へと進む。北側は光徳園地として整備されているので、ここでのんびりすることも可能だ。光徳牧場の牛乳とアイスクリームは下山後の温泉入浴と併せた楽しみとして、北へ進む。100メートルほど進むと、「湯元光徳線歩道」の標識が立っている。「山王峠2・1キロ　湯元7・7キロ」とあり、山王帽子山・太郎山の登山道であるとともに、切込湖・刈込湖を経て湯元温泉へのハイキングコースでもある。ここからがハイキングコースとなる。

ミズナラ・シラカンバ・ダケカンバの美しい緑の森の中をゆっくり登る。丸太の階段も出てくる。

シラカンバ・ダケカンバの美しい緑の森

林床はササが一面である。丸太階段の歩きづらい急登を過ぎると、緩やかな登りとなり、カラマツ林となる。

やがて急登となると、オオシラビソの林となる。ここを抜けると山王峠の標識が出てきて、ベンチが置かれているササの中の平坦地となる。ゆっくり休憩するには良いところだ。ただし、木陰はなく天気が良い日は照らされて暑いので、天候状況では木陰への退避が必要だ。

正面に目指す山王帽子山が見えてくる。何となく「母さん、僕のあの帽子……（森村誠一の『野生の証明』より）」のような、妙に納得できる帽子型の山容である。ここからはすぐ下の山王林道へ下る。

山頂からの絶景を堪能

山王林道へ出て、少し南へ下ると左に「太郎山」の標識があり、ここが登山口である。自家用車の場合、ここまで入れるが駐車場はなく、少し広い路肩に車を置くしかない。

ササとダケカンバの明るい森のなか、緩やかな登山道を登っていくと、周囲の展望が開けてくる。登るに従いコメツガ林となり、コメツガの根が張り出した展望のきかない急登となる。

山王帽子山山頂

山王帽子山山頂からの白根山

さらに登っていくと、枯れ木や低木のコメツガ林のなかのササ原となり、周囲の展望が開けてくる。奥日光の盟主・白根山の雄姿が見えてくると緩やかな登りとなり、余裕も出てくる。

展望がよくなると、ほどなく山王帽子山山頂である。岩場の上に山頂標識が立っている。南側広場からは、男体山から戦場ガ原、中禅寺湖が見渡せ、北側広場からは奥鬼怒方面から尾瀬・燧ガ岳までが見えている。

ゆっくり休んだら、もと来た道を下ることとなる。

山頂南側広場からの男体山．戦場ガ原、中禅寺湖

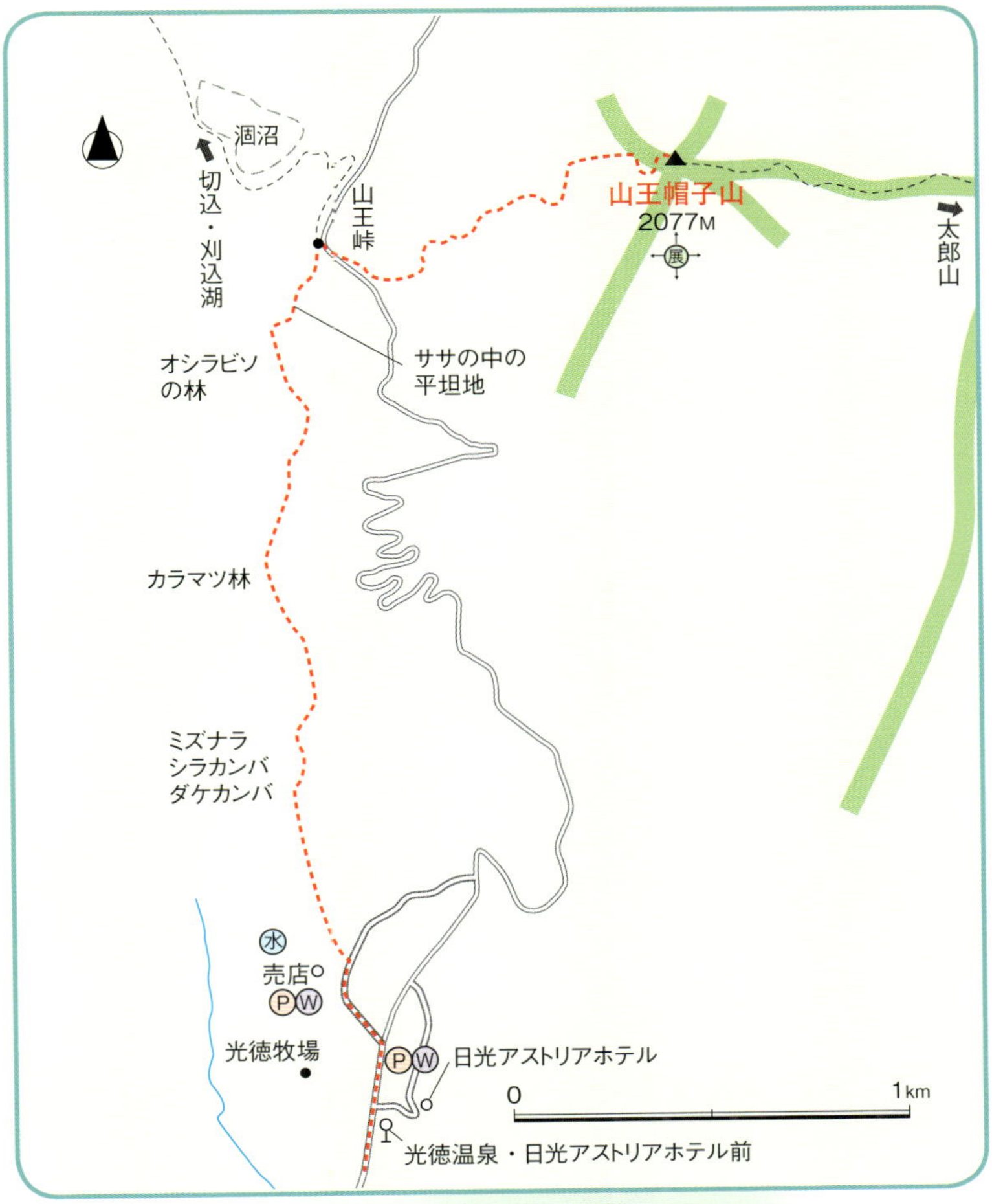

Course Time

光徳温泉・日光アストリアホテル前（10分）→山王峠・山王帽子山口（70分）→山王峠（60分）→山王帽子山（40分）→山王峠（60分）→光徳温泉・日光アストリアホテル前

歩行時間　4時間

群生するレンゲツツジの中を延びる木道

13

大《おお》間《ま》々《ま》自《し》然《ぜん》歩《ほ》道《どう》

さわやかな初夏の高原で
朱色の群落を楽しむ

八方ガ原は、高原山の東中腹に広がる標高1000～1200mの高原大地である。6月中旬の開花期には、約20万株のレンゲツツジが競うかのように咲き乱れ、初夏の新緑と青空、清々しい大気のもとで一面が朱色に染まる。大間々台駐車場はすぐに満車となるので避け、学校平から約2.5kmをのんびり歩こう。今回紹介するコースは、最も一般的な初心者向けのハイキングコースで、大間々台までは歩いても約1時間で着く。家族連れには最適のコースである。

出発点となる「山の駅たかはら」

出発は、学校平にある「山の駅たかはら」である。シーズン中は売店や食堂が開かれていて、広い駐車場も整備されている。

東側には八方ガ原牧場が広がっている。第2次世界大戦までは軍馬の放牧に利用されていて、大間々台、小間々台も含めて軍馬の育成地だった。レンゲツツジは毒性があり、馬も食べないことから別名「ウマツツジ」とも言われる。

こうして食べられずに残ったのが、現在のレンゲツツジ群落である。小間々台で100ヘクタール、大間々台で300ヘクタールの広さがあり、開花期には多くの県民が訪れる観光スポットとなっている。

学校平までは公共交通機関がなく、自家用車で行くこととなる。南側の矢板市方面からでも、北側の那須塩原市側からでも、道路はよく整備されているので大型車でも乗り入れできる。

ツツジの群落を分けながら

学校平駐車場からは、矢板市と那須塩原市を結ぶ県道56号線に出て、反対側の「大間々自然歩道」の案内板が登山口となる。「山の駅たかはら」でも周辺ガイドマップを配布しているが、ここでこれからのルートを確認しよう。行程2・5キロメートル、ゆるやかな登り道で、樹林帯をいくコースである。

木組みの階段状の道を登り始める。小間々台までは、0・9キロメートル、小間々台手前では多少勾配が増すが、気にするほどの登りではない。豊かな広葉樹のササの林床の中をゆっくり登ろう。

初夏の緑は青空にも映えて美しいの一言だが、カエデ類をはじめ、ダケカンバ、シラカンバ、リョウブ、ブナ、ミズナラなど、秋の紅葉も素晴らしいものを感じさせる。6月には、この緑の中、ハルゼミやツクツクボウシ、カナカナ

一面を朱に染めるレンゲツツジ

などのセミ類の大合唱が待っている。うるさいほどの大合唱だが、なぜか森の中では心地よく感じられる。

登り始めて25分程度で小間々台に着く。「小間々の女王（トウゴクミツバツツジ）」の案内板があり、周遊コースが整備されている。6月初旬には、3枚の葉を持つ濃いピンク色のミツバツツジが満開の花を咲かせる。アカヤシオ、シロヤシオ、トウゴクミツバツツジ、ヤマツツジと、4月下旬から次々と花を咲かせ、最後に登場するのがレンゲツツジである。

360度の大パノラマを満喫

小間々台から大間々台までの1・6キロメートルは、広葉樹や草木、野鳥などの観察を楽しめるコースで、案内表示もしっかり整備されている。栃木県のバードウオッチングの名所としても定評があるコースだ。

少しきつい登りから平坦なコースとなれば、大間々台は近い。レンゲツツジの花が多くなり、ほどなく大間々台に到着する。ここには、駐車場や展望台、トイレが整備されているが、この時期は駐車場が満車になっていることが多いので注意すること。

白い花が風にゆれるサラサドウダンツツジ

空の青さと新緑とレンゲツツジの朱のコントラストが美しい

初夏の緑あふれる大間々自然遊歩道

前黒山を望む大間々台

展望台からは、360度の大展望が楽しめる。南に関東平野、筑波山から富士山、那須や塩原の山々、八溝山地などが望める。大間々台では、中央遊歩道や外周遊歩道が整備されているので、周遊コースも楽しめる。

帰りは来た道を戻ることになるが、ゆるやかな下り道なので、ゆっくり歩いても半日コースとして楽しめる。

学校平に戻ってからは、東側の八方ガ原牧場内にも周遊コースが整備され、レンゲツツジの群落も一見だ。八方湖や嶽山箒根神社など、あまり紹介されていない観光スポットもあり、ぜひ訪ねてみたい。

Course Time

学校平(25分)→小間々台(40分)→大間々台(60分)→外周歩道から小間々台(20分)→学校平

歩行時間　2時間25分

大沼から新湯富士を望む

14

新《あら》湯《ゆ》富《ふ》士《じ》と須《す》巻《まき》富《ふ》士《じ》

塩原自然研究路に鎮座する二つの富士山を訪ねて

那須塩原市の塩原地区には、新湯温泉から塩釜温泉を結ぶ全長7.1km、歩行5時間半ほどのハイキングコース「塩原自然研究路」がある。国内で初めて整備された自然研究路で、コース上にはたくさんの案内板が設置されていて、一度は歩いてみたい快適なハイキングコースだ。このコース上には2つの富士山があるが、コース全体を歩くには時間がないという人や、富士山マニアとしてピークを目指す人にとって、最短のコースを紹介する。どちらの富士山を目指すにしても、公共交通機関の便があまりよくないので、自家用車の利用をおすすめする。

【新湯富士】

日塩もみじラインを塩原側から日光方面に進むと奥塩原・新湯に着く。ここから塩原自然研究路が始まり、新湯富士はこのコース上の最高点で、標高1184・1メートルの三等三角点もあり、国土地理院の地形図上では「富士山」と表記されている。

今回は、最短コース、大沼園地から頂上を目指す。日塩道路の新湯のすぐ先で左折し、大間々・矢板方面へ抜ける下塩原新湯線に入る。車で大沼園地に向かうには、日塩道路から入るのが一般的だが、東の八方ガ原方面から下塩原矢板線経由で入ることも可能なので、便利なほうを利用すればよい。

2車線の立派な道路で、ヨシ沼の先で左折して大沼園地へと下っていく。下り切ったところに駐車場とログハウス風な立派な休憩舎とトイレがあり、ここが新湯富士へのスタート地点となる。大沼園地は、芝生広場やあずま屋、ベンチなどが整備され、休憩やのんびり昼寝には快適な場所だ。

新湯富士の全容を確認するためには、大沼方面へヨシ原の湿地の中に作られた木道を東へ進むと、西に富士山型が見えてくる。東側に広がるヨシ原の湿地と大沼からの新湯富士を見ると、こんもりとしたおむすび型の二等辺三角形が望めて、なるほど「富士山」だと納得する。

再び園地へ戻り、塩原自然研究路の案内板から山頂を目指すと、樹林の中の苔のはえた木の階段をジグザクに上ることとなり、さらに苔の着いた岩の中の滑りやすい登山道を登ることとなる。雨の時や雨後は注意して登ろう。

やがて、登山道が緩やかな登りとなり、小さなピークを回り込んでいくと、展望がきかない新湯富士山頂に着く。「日光国立公園

大沼を巡る遊歩道

新湯富士山頂　標高1180メートル」の標識が立っている（国土地理院の地形図では1184・1メートル）。登り40分、下り30分をみれば十分である。また、下山時の下りは特に注意が必要だ。足元に注意しながら大沼園地まで戻ろう。

【須巻富士】

塩原自然研究路では、新湯富士から大沼を経て塩原市街・塩釜温泉へ下っていくと十字路に出て、右折すると甘湯・小太郎ガ淵へと向かうが、ここを直進し登り返した小ピークが須巻富士である。西側に須巻温泉があった（現在はない）ので、この地名からの命名と思われる

　須巻富士への最短コースは、塩原バイパスに入り、小太郎ガ淵のある甘湯沢に架かる毘沙門橋の手前に右折するヘアピン気味の舗装道があり、ここを登る。やがて「塩原温泉川崎厄除不動尊」の大きな白い看板と多くの旗が迎えてくれる。ここが登山口となるが、少し先に駐車場があり、自家用車の場合はここまで来ることができる。

　ここから階段状の道を登ると、水飲場やキャンプ場として利用されてきたような平地に着く。富士山園地である。ここからは道の両側の旗に励まされて階段状の道を登っていくと、赤松の樹林の中に

大沼園地のヨシ原と新湯富士

大沼園地概要図

大沼園地からの新湯富士登山口

鹿股橋から見る須巻富士

須巻富士山頂の川崎不動尊

須巻富士、川崎不動尊への道

巨大な不動尊像が天からわれわれを見守ってくれている。ここが須巻富士の山頂である。地形図から標高は７１０メートルと読み取れる。

　赤松に囲まれた中に、川崎市の平間寺の川崎大師厄除不動尊が立っている。地元にも信者が多く、たくさんの人に登られている信仰の山でもある。須巻富士からは南西へハイキングルートを下り、十字路から右折して下ると駐車場に戻れる。

Course Time

[新湯富士コース]　歩行時間　1時間40分
大沼園地周遊（30分）→新湯富士登山口（40分）→
新湯富士山頂（30分）→大沼園地

[須巻富士周遊コース]
歩行時間　1時間

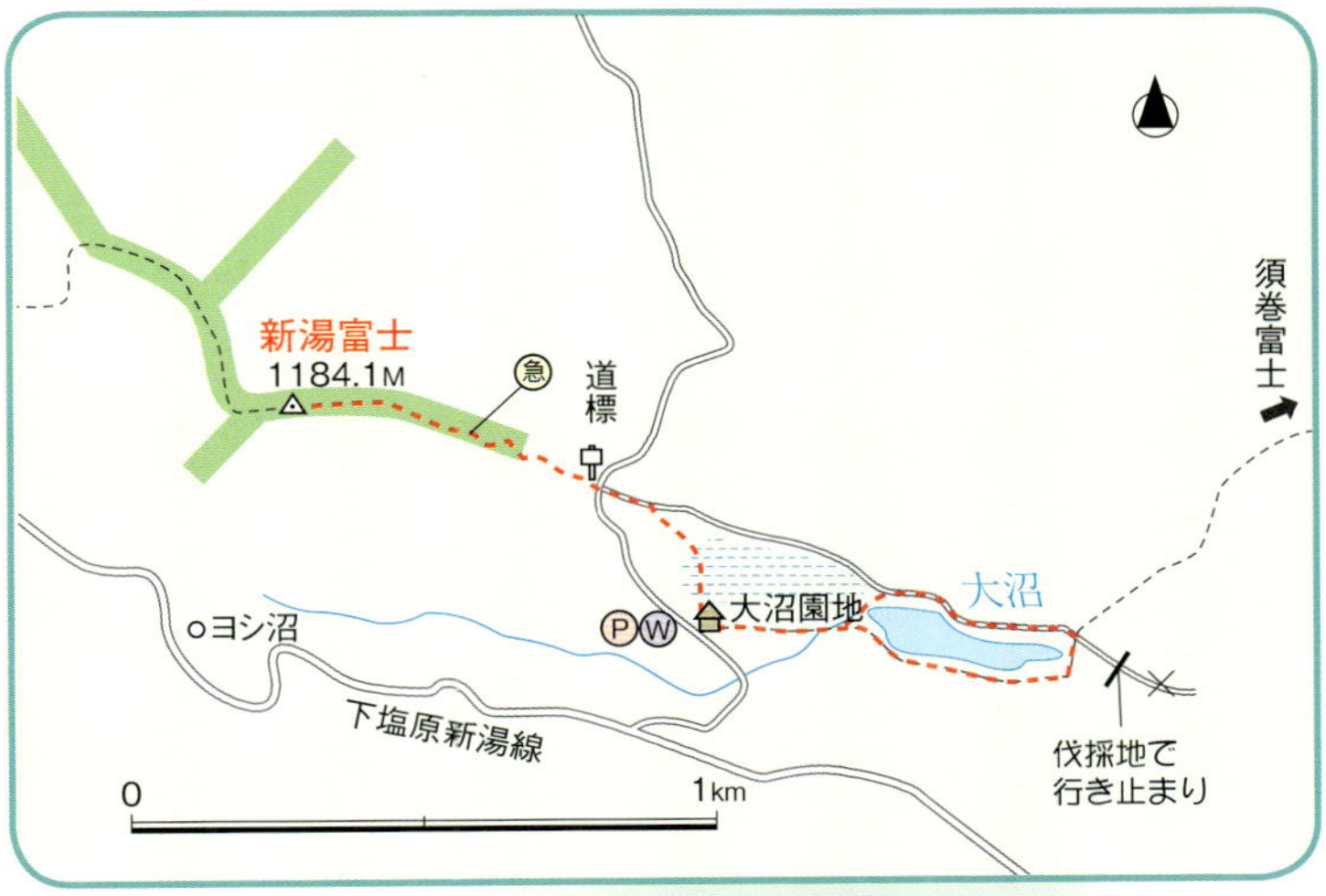

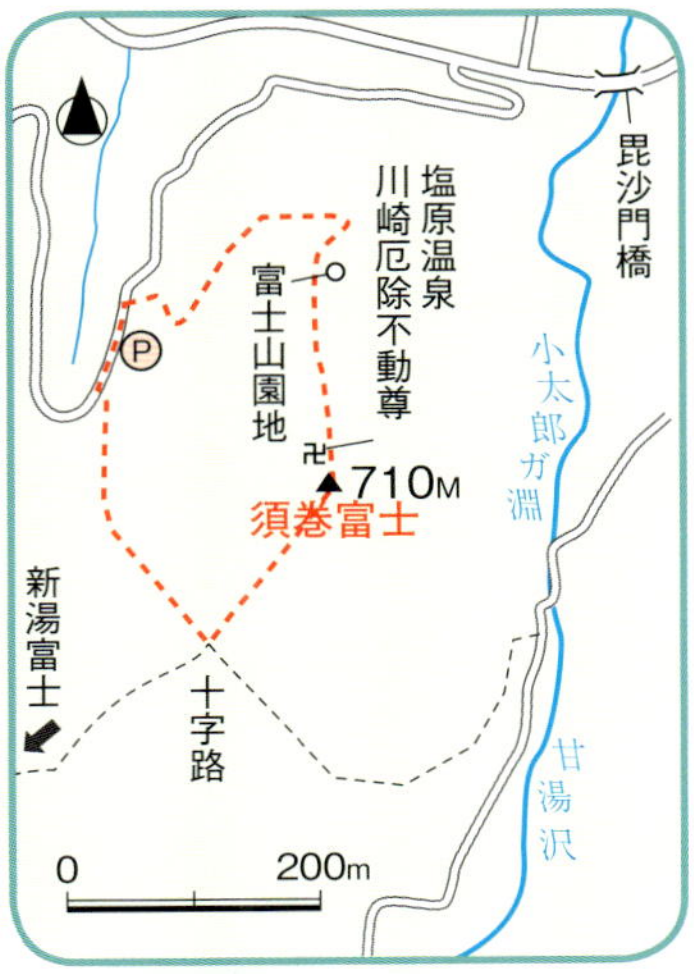

懴満ガ淵。奥に化け地蔵が見える

15

東《とう》大《だい》付《ふ》属《ぞく》日《にっ》光《こう》植《しょく》物《ぶつ》園《えん》散《さん》策《さく》

憧れのキレンゲショウマ・レンゲショウマに会いに行く

宮尾登美子さんの著書に『天涯の花』という小説がある。物語の舞台は四国・剣岳で、小説の主人公・珠子が、行者が修行する行場で出会うのがキレンゲショウマの群落。「まるで一つ一つの花が月光のように澄み、清らかに輝いて見えた」と表現している。私はかつて東京・高尾山で紫色のレンゲショウマの群落に感激したことがあるが、今回はこの2つの花が咲いているという日光植物園を真夏に散策する。

キレンゲショウマ

日光植物園の正式名称は、「国立大学法人　東京大学大学院理学系研究科付属植物園日光分園」という長い名称だ。所在地は日光市花石町であり、日光田母沢御用邸記念公園の先である。

公共交通機関利用の場合、ＪＲ日光駅または東武日光駅から東武バス湯元方面行に乗り、花石町バス停で下車、日光駅方面に戻ると植物園正門に着く。両日光駅から3・5キロほどなので、約1時間、日光市街をゆっくりブラブラ散策しながらでもよいだろう。

開園期間は4月15日から11月30日まで、閉園日は毎週月曜日（月曜日が祝日の場合はその翌日）、開園時間は午前9時から午後4時30分まで（ただし入園は午後4時まで）。入園料は大人３３０円である。

「天涯の花」に感激

入園料を払って植物園に入る。自家用車の場合、その先右に大きな駐車場がある。

今回（8月下旬）入園料を払い、自家用車を駐車場に入れて左側のトイレに向かうと、そこには濃い紫の丸い花を下に向け薄紫の萼片が浮遊物体のように可憐なレンゲショウマがあちこち咲いているのである。

さらに周りを見わたすと、植物写真や図鑑でしか見たことのなかったキレンゲショウマと初めての対面となった。地面に大きなギザギザな葉が茂り、長い茎の先に黄色のラッパ状の花をつけている。ぼってりとした花の重みのせいか、5枚の花弁が重なりあって下向きに咲いていた。これがかの「天涯の花」かと妙に感心する。

正門から南へ下り、庁舎と実験室との散策路沿いにもあちこちと、キレンゲショウマ、レンゲショウマを楽しむことができる。

植物園内はどこをどう行っても

田母沢川

よいのだが、庁舎前のロックガーデンを見て、実験室前の芝生広場から休憩芝生に出る。アサマフウロ、フシグロセンノウ、マツムシソウ、マルバダケブキ、ミソハギなどの花が咲いている。

大正天皇の散策路を行く

さらに大谷川沿いに進み、憾満ガ淵の展望台へ降りる。下には急流の大谷川が岩肌を滑って流れ、対岸には化け地蔵が赤い帽子と涎掛けをつけて等間隔で並んでいるのが見える。

大谷川沿いに東へ向かい、カエデ林、ヤマツツジ群落、ハルニレ林、ブナ林を経て、ミズバショウなどの水生植物群落の湿地を左側に見ていくと、田母沢川に架かる通御橋へ出る。

石畳の上を白く流れる川床を下に見て進むと、道は二手に分かれるがどちらを行ってもここに戻るので、時計と反対周りで、アカマツ林、スギ林、カエデ林、ヒノキ林と周遊する。北側は田母沢御用邸記念公園であり、この植物園一帯は大正天皇の避暑散策路であったとのことだ。

再び通御橋を渡り、今度は水生植物群落の北側を西へ向かう。湿地にはピンクのミソハギが可憐に咲き誇っている。

スギ林、モミ林、ミズナラ林を

アサマフウロ

フシグロセンノウ

キレンゲショウマ

キレンゲショウマ群落

Course Time

歩行時間　約1時間30分
※地図は植物園の入園の際、購入ください

マルバダケブキ

レンゲショウマ

経て、花石沢に架かる橋を渡り、さらに進むと、小さな緑の丘にびっしりと、黄色の実のようなものが付いているのが分かる。近づいてみると、それがキレンゲショウマの群落であった。まだ丸いつぼみからきれいに5個の花弁を開いているものなど、まさに大群落。剣岳の行場の群落はどのようなものなのだろうと想像をめぐらせながら、正門へ向かった。

開花の状況は植物園に問い合わせてほしい。〈日光植物園0288（54）0206〉

弥陀ガ池と奥白根山

16

菅《すげ》沼《ぬま》から弥《み》陀《だ》ガ池《いけ》

高山植物の宝庫と
雲上の湖沼をめぐる展望コース

日光白根山は、栃木県そして奥日光連山の最高峰であり、日本列島の中でこれより以北・以東に白根山より高い山はない。当然、高山植物の宝庫であり、かつては弥陀ガ池の東向きの斜面は栃木県有数のシラネアオイの群落地として岳人を楽しませた楽園でもあった。私も毎年6月中旬となればこのシラネアオイを求めて白根山に登ったものだ。現在、残念ながら楽園として誇るべきものはない。電気柵に囲われた中でシラネアオイはひっそりとさびしく咲いている。その登山道を群馬県側の菅沼から弥陀ガ池の上まで登ってみよう。

登山口の案内板

栃木県側から金精トンネルを抜けて群馬県側に入ると、国道120号沿いの菅沼茶屋の東側が登山道の入口である。公共交通機関は便もなく、自家用車利用となり、車はここに駐車(有料)することとなる。

シラビソ林の中の道

森林浴を楽しむ

駐車場の左側にある「白根山登山道」と書かれた大きな石標を見て、平坦な草原に立つ案内板を過ぎて右折すると沢沿いの登山道となる。まもなく広葉樹林にかわり、シラビソなどの針葉樹の森から展望はなくなる。ジクザクの登山道で高度を稼ぐこととなるが、ゆっくり歩こう。シラビソの針葉樹林帯もいいもので、真夏でもひんやりとした高山の楽しみがある。1時間弱で休憩に適した広場に出るのでゆっくり休憩しよう。さらにシラビソ林やアスナロ林の快適な登山道を登っていくと、2時間弱で、「弥陀ガ池0・9キロメートル 菅沼2キロメートル」と書かれた道標に出る。ここも休憩には適している。ここから左に折れ、カニコウモリなどの林床が一面の緩やかな登山道を登っていく、座禅山の北側を巻いて平坦な道から下りとなる

白根山登山道から尾瀬燧ガ岳を望む

と、前が開けて弥陀ガ池に到着する。

ここは白根山の北側からの展望台でもあり、沼のほとりでゆっくり休憩することができる平坦地だ。弥陀ガ池を前にして、正面に白根山の雄姿が壁のようで圧倒される。

圧倒される大景観

当初の目的はここまででもいいのだが、今回は展望がさらに広がる少し高みまで欲ばろうと思う。

座禅山への鞍部から白根山へは急登となるが、ここを抜ければ森林限界を過ぎて大展望が開けてくる。北を見れば双耳峰が特徴的な燧ガ岳が存在感を示し、会津駒ガ岳、至仏山、平ガ岳までの展望が楽しめる。眼下には、さきほど登ってきた弥陀ガ池が湖面を見せて輝いている。

さらに登ると、東側に五色沼のコバルトブルーの湖面が眼下に見えてくる。五色山から前白根山への稜線もすぐ目の前にあり、その奥に男体山から大真名子山、小真名子山、太郎山などの雄姿が広がる。さらに登れば、菅沼や丸沼も眼下となる。

あたり一面は、高山植物の宝庫、さまざまな植物が咲き誇る季節でもある。なかでもハクサンシャクナゲの群落があちこちで花を咲かせ、ピンクから白い花で埋まる。コケモモ、ハクサンフウロ、マルバダケブキ、クルマユリなどの花が可憐に咲いている。

この先、どこまで行ってもいいのだが、あとは体力勝負。白根山の山頂を目指すのもよし、のんびり昼寝もよし、ハクサンシャクナゲの群落の中で時間を楽しむのもよし、山岳スケッチや俳句・短歌を楽しむのもよし、いろいろと楽しんでほしい。

楽しいひとときを過ごしたら、下山の時間を考えてゆっくり下っ

ハクサンシャクナゲが咲く白根山頂への登山道

白根山への登山道から弥陀ガ池を望む

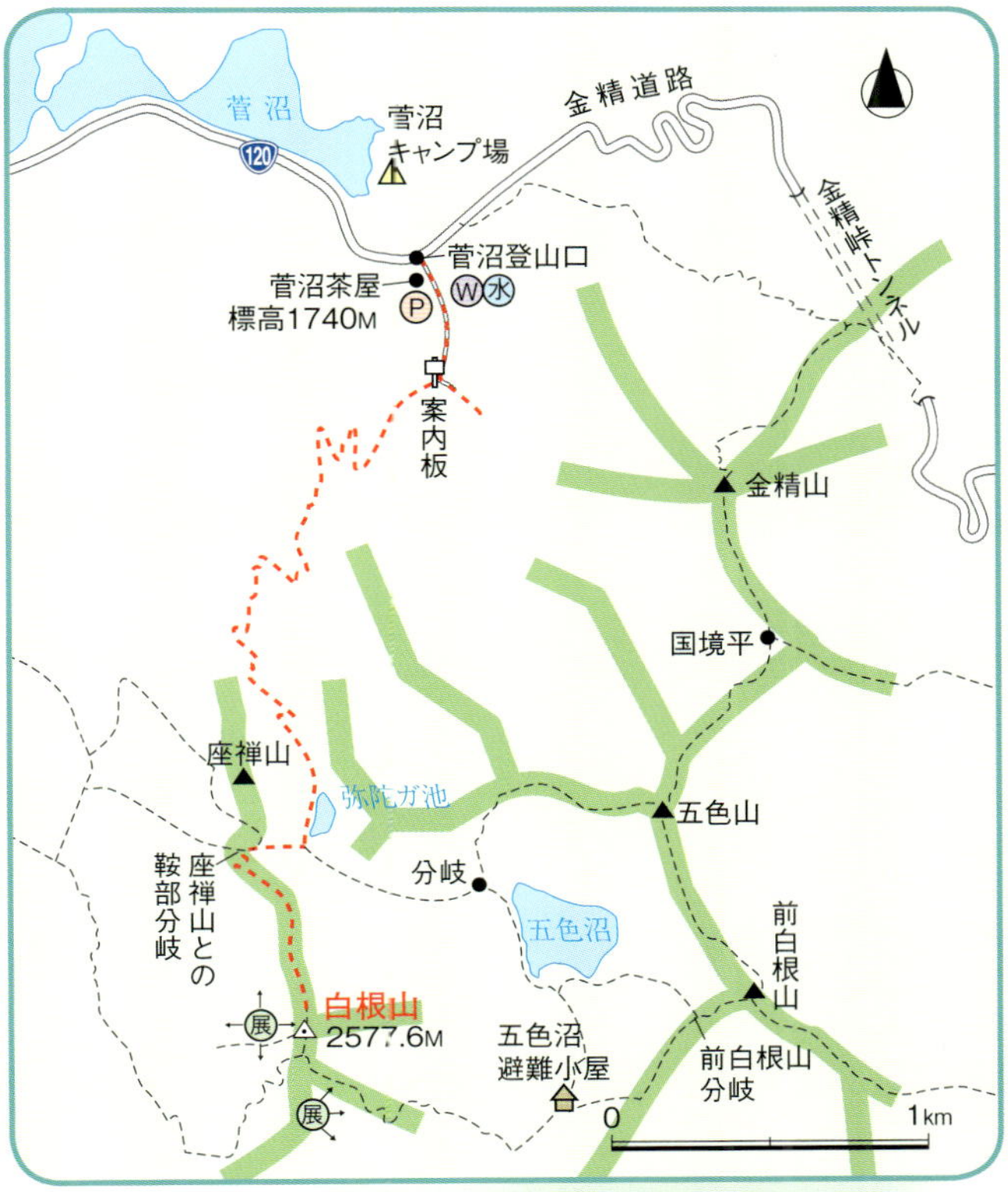

てほしい。

弥陀ガ池から奥白根山山頂までは、約1時間強のきつい登りなのだが、個人的には、栃木県第一の高峰・白根山山頂の素晴らしさや雄姿を、ぜひ味わってほしいと思う。

☞ Course Time

菅沼駐車場（140分）→弥陀ガ池（40分）→座禅山との分岐を経て白根登山道の途中まで（30分）→弥陀ガ池（90分）→菅沼駐車場

歩行時間　5時間

山での危険（雪崩事故）

2017年（平成29）3月27日、栃木県高等学校体育連盟登山専門部が開催した春山講習会（でも冬山かな）の中で、那須雪崩事故が発生した。県立大田原高校生徒と引率教諭計8名が死亡した県内でも最大の山岳遭難事故である。若い前途のある子息・家族を失ったご遺族・ご家族の心中を察するに余りある。

さて、これからは私の体験・経験の話である。同じ那須岳で、私も今回とは同じ雪崩場所ではないが、雪崩で100㍍ほど流された。死亡者や救急車を必要とする怪我人が出なかっただけで、そのときのさまざまな条件が、たまたま運が良かっただけなのだ。生と死の境界の一線はきわめて短く、結果としての生と死は遥かに遠いのだ。

1997年（平成9）1月15日から1泊2日での三斗小屋温泉泊の冬山訓練山行が目的であった。CLは私、SLは栃木県山岳連盟の会員であり指導や協力をいただいていたO氏である。

当日の天候は、西高東低で急速に低気圧が太平洋上へ去っていくなかで、那須地方は強風が伝えられていた。しかし、午後は急速に回復するという。駐車場の大丸でも車が持ち上げられるような風が断続的に到来していた。

それでも、他に出発するパーティーもあり、10時30分出発。上から降りてくるパーティーに聞くと、風が強いとのこと。下の道を行ったほうがよいのではとのアドバイスもあり、O氏と相談の結果、今は廃道となっている明礬沢をつめることとした。二股でアイゼンをつけ岩尾根に取りつく。雪も少なく快適に登り夏道にたどり着いたのが午後2時少し前であった。

ここからが、1997年の宇都宮ハイキングクラブ会報「かたくり」3月号に報告した「雪崩のナダレの本当にホントの話」であり、雪崩遭遇事故の顛末である。

夏道のトラバース道はトレースがついており、峰ノ茶屋に向かって進む。最初の谷を回り込む急峻な雪渓は雪も締まっており、アイゼンをきかせて簡単にクリアーした。この沢は、1994年12月17日に、峰ノ茶屋を経て朝日岳から三斗小屋温泉へ向かう東京都の3人パーティーが表層雪崩で流された沢と考えられ、内1名が死亡している。またこの年（2017年）1月26日には日光高山での雪崩事故で1名が死亡している。

次の比較的緩やかな谷を回り込めば峰ノ茶屋で、その強風の鞍部を抜けきれば問題はないと考えていた。そこは雪の吹き溜まりとなっていて、トップのO氏は股あたりまでの雪をラッセルしながら、あと5mほどで谷から出ようとしていたが、後続の人は前が詰まり雪渓の中程で立ち止まっていた。

ラストの私が最後にその中に入り、皆の後ろについた数秒後、突然足元をすくわれるような感覚があり、谷側に足をもっていかれるように倒れた。すると体が緩やかに斜面を滑りはじめた。

なんだなんだと思ったが、すぐに「ナダレだ、ナダレだ、ウソー」という感じで緩やかに流されていく。あたりは雪煙でなにも見えず、泳げばいいなどとも聞いたが、重い雪でままならず、自分はただ流れに身をまかせているだけであった。

すると急にスピードが出て、これはやばいかなと一瞬考える。なぜか、明日の○○新聞朝刊の架空の雪崩事故の記事とCLの談話が走馬灯のようによぎった。これも生きていればの話なのだが……。

　どうしたらよいかわからず雪の流れにまかせていたら、緩やかな流れが止まった。止まる瞬間はギュッというような音がして（したかどうか正確にはわからないが、体が山側の上の方から締め付けられる感じ）、このとき口の周りに空洞を作っておくことが窒息死を少しでも先に延ばせるのかなととっさに考え、両手を顔の前に持ってきた。すると、目の前の雪煙がフーと切れて空が見えた。ともかく自分は助かったのかな、とホッとした。

　私はどうやら右半身を下にしたまま、ずっと滑ったことになる。体全体は雪の上に出ていたが、ザックが重たい雪の中に埋まっているらしく、ザックを背負ったままでは抜け出せない。隣のA君の助けをかりて抜け出す。雪崩の最先端のデブリ付近にいるらしい。流されている途中で眼鏡はどこかへ吹き飛んだようだ。自分自身は怪我の自覚症状はない。

　しかし、やはり当時は興奮していたのだろう。医者にはかからなかったが、右肩から右臀部にかけて内出血が1週間ほど続いた。

　止まった瞬間思ったことは、他の人は大丈夫か、雪の中に閉じこめられた人はいないかということだった。

　周りを見わたすと、TさんとIさんは腰まで雪をかぶっているが、上半身は雪の上に出ていた。

　Eさんは頭だけ雪をかぶった状態で頭を下にしていたので、私とA君の2人で引っ張り上げると、顔が雪の中から出てきた。

　Hさんは谷に向かって頭を下にして腹這いの状態で上半身が雪の中に埋まっていたが、雪の上で両足をバタバタさせていた。あわてて、A君と2人で雪をかき分けてHさんを引っ張り上げようとするが、雪が重くて気ばかり焦って両手だけでは雪をかきだせない。ザックが見えてきたので、それを引っ張りあげようとするが、まだだめだった。さらに体の両側の雪を掻きはらう。早くしないと窒息してしまうとあせりながら、やっとのことで引き出せた。

　O氏はわれわれよりも20メートル上で止まっていた。

　全員の無事が確認できたので、すぐに怪我の状況を調べた。Tさんが鼻血、Hさんが目の上を1センチぐらいゴーグルで切っていた。打撲などもあるようだったが、ひとまずは最悪にならずにホッとする。すると、急に体が震えだしてきた。これ以上の行動は不可能と判断して大丸に下山した。

　この雪崩事故を考えるに、雪渓上で人がつまったため、人為的に起こした雪崩であり、1人ずつ通るとか、間隔をあけていれば起こさないで済んだ事故だった。たとえ、1人が流されても他のメンバーで救助の可能性がある。登山者が微妙なバランスの上に乗っている上層の雪面を切って、登山者自らの重さに耐えられなくなった雪が人間とともに足元から落ちていった人為的な初歩的なミスが原因である。

　ただ、幸いなことに流された雪の量が少なかったのか、雪の中に完全埋没した人がいなかった。ただしその分、沢にある岩に接触しながら流されたための打撲や、その後遺症の内出血で数日間寝返りも打てなかったという者もいたようである。

　さて、雪崩の発生から救助のプロセスは一刻を争う。雪崩からの生存率は埋没後18分であれば91％あるものの、35分経過すると34％まで急速に低下することが知られている。

　今回の那須雪崩事故で流された生徒や教諭が、最後の一瞬に何を考えていたのだろうか、いたたまれない気分になる。そして、一刻も早く埋没者を探し出す努力が必要であった。

　最終報告書を見る限りであって、軽率には言えないが、まずは埋没した仲間を一刻も早くさがし出すことだった。警察・消防などへの通報が遅い感じがする。

山での怖い生き物（マムシ）

山でのマムシには、怖い経験がある。宇都宮ハイキングクラブの会報「かたくり」に山行記録を掲載した記憶があるのだが、見つからない。それでも、その時の記憶は鮮明に覚えているので、記憶をたどって報告しよう。

場所は福島県南会津郡南会津町田島の東に聳える斉藤山（1278・3㍍）である。交通機関での最寄りの駅は会津鉄道会津長野駅であるが、会津田島駅からタクシー利用も可能だ。

まだ私の娘が中学生のころだったろうか（今は2児の母であり、私は2児のジイジである）、「妻と娘との」親子3人で斉藤山登山に出かけた。

よく山王トンネル経由で養鱒公園駅から野際新田を経て日暮らしの滝、大峠から流石山、大倉・三倉山など県境の山々を登っていたので、その途中に見える三角形の秀麗な山で山頂に建てられた鉄塔が目印となる山容にいつかは登ろうと考えていたのだった。

時期は暖かい日和の晩秋から初冬だったと思う。往復4時間程度の行程で、山頂手前まで林道が延びているので、子連れでも登れる山だ。帰りは埋設ケーブル尾根を下ることとして、下山地点の林道に車を置いて歩き出す。

ゆっくり歩いていくと、未舗装の砂利道の端のほうに黒い太い棒のようなものがあるのに気づいた。近くに寄ってみると、背中に銭形平次の銭形の文様があるマムシさんではないですか。娘には近づかないようにいって、「これがマムシさんだよ」と余裕をもって説明し、草むらの中にご退場いただいた。

やがて林道は終点となり、登山道を登っていくと鉄塔とコンクリート製の広いヘリポートに着く。南会津山域の大展望台となっていて、昼寝にも最適な場所だ。斉藤山山頂は、さらに南に3～4分のところにある。

ヘリポートで昼食をとり、埋設ケーブル尾根を下山する。東京電力、東北電力のケーブルが埋設されているとのことで、尾根はきれいに刈り払われて明るい陽が差す稜線となっている。

午後になり暖かくなってきて、ところどころ岩などのある尾根のくだりとなったが、その岩の上に腹黒・銭形・寸胴の三角頭があるではないか。日向ぼっこの最中らしい。ここは静かにやり過ごし少し行くと、今度はとぐろを巻いて鎌首を持ち上げたマムシがもう一匹。近くにあった雑木の長い棒で振り払っても動こうとはしない。攻撃態勢・戦闘態勢であり、いまにも飛びかかってくる様子なのだ。

もうこの後は、長い棒で前方を振り払いながらの前進となったが、妻の足元にも一匹いたそうで、踏みつけそうになったり、途中もう一匹遭遇した。

娘からは「もう、お父さん！……（こんな山にどうして連れてきたの……という絶叫か？）」と言われたが、なにが「もう、お父さん」なのかわからないほど、長い棒での露払いをしながらやっと林道へ出てホッとした。

近くの名勝「塔のへつり」の売店では生きたマムシを売っているが、捕まえたマムシは一匹1万円ほどで売れるらしい。この日は、5万円のもうけを無駄にしたらしい。

宇都宮市中央公園の紅葉

秋

人々の目を奪う太平山の紅葉

17 謙信平《けんしんだいら》から太平山《おおひらさん》

変幻自在に色づく太平山の紅葉を訪ねて

栃木県南部の栃木市内にある太平山県立自然公園には、太平山、晃石山、馬不入山、岩船山と続く山々が連なり、全山縦走コースや多くの登山口からのコースが整備されている。太平山は、首都圏の人々はもとより、地元の人たちが毎日ウォーキングの場として楽しんでいるふるさとの山でもある。今回は、紅葉真っ盛りの謙信平から太平山山頂でもある富士浅間神社を目指す「らくらくコース」を紹介する。

山本有三文学碑

出発点は、JR栃木駅・東武鉄道栃木駅である。両駅とも隣り合わせであり、階段を下りて駅の北側広場へ出る。北口から関東バス国学院行に乗り、終点の国学院バス停で下車する。

　國學院から歩きとなるが、今回のコースはゆっくり歩いても往復2時間程度のコースでもあり、バスの待ち時間がある場合など、栃木駅前から歩いてもよい。3キロ、40分程度で國學院に着く。

　歩く場合の参考に、コースの概要を説明しておこう。駅前広場から北へ向かい、2つ目の信号の境町を左折して西へ向かう。栃木信用金庫駅前支店、栃木商工会議所、JAしもつけを南に見て、片柳一丁目バス停先で、道路は大きく左にカーブするが、ここは直進する。栃木市立栃木西中学校を南に、栃木県立栃木商業高校を北に見て進むと、栃木バイパスに出る。ここを直進し二杉神社、二杉公民館で太平山神社表参道へと続く道路に出る。左折後は、直進する。二杉川を渡り、鳥居をくぐり益子味噌の板塀、信行寺、太山寺と進むと國學院大学栃木高等学校である。太山寺は栃木の名木百選のイワシダレザクラが有名で、ピンクの可憐な花が見られるのは、3月末からである。

眺望満点の謙信平

　国学院バス停から、西へ登っていき、謙信平への車道を左に見送り、虚空蔵尊を祀る六角堂へお参りしてから、お堂前の石段の道を緩やかに登っていく。しっかりした石段の登りが続き、周囲はスギ、ヒノキ林であり、紅葉時期でも静かなハイキングが楽しめる。

　谷あいのルートから緩やかにジグザグしながら登っていくと、小さな広場に出て道は2つに分かれるが、どちらを行っても謙信平に出る。左手を登っていくと、六角

謙信平の鮮やかな紅葉

こもれ日がさす山頂への道

堂手前から謙信平への車道に出て、県立太平少年自然の家を過ぎると、「陸の松島」とも言われる謙信平である。

ここは紅葉祭りの開催期間中は人と車でいっぱいとなる。紅葉の時期は、11月中・下旬というところか。ゆっくり紅葉を楽しみ、名物のだんご、焼き鳥、玉子焼きは、太平山からの下山後の楽しみとしよう。

展望台に登ると空気の澄んだ日には富士山も見えるほどだ。道なりにお店をのぞいたり、小高い丘にある栃木市が生んだ文豪・山本有三文学碑を見て車道を進むと、表参道のあじさい坂からのルートに合流する。栃木市指定文化財の随神門をくぐり、急な石段を登れば、太平山神社である。ここも多くの人で賑わっている。

本殿での参拝を済ませ、本殿の右にあるいくつかの小さな神社を眺めていくと、「奥宮入口・浅間山・晃石山方面」の白い標識があり、ここから石段を登る。木の根が張っていたりする場所もあるが、問題はない。途中東から北の展望が広がり、栃木市内がよく見渡せるところがある。

太平山神社奥宮は小さな石祠があるだけで、少し拍子抜けするが、奥宮を左に見てスギ、ヒノキの道を進む。露岩が現れてきた道を進

山頂に建つ富士浅間神社

むと、ルートは晃石山へのショートカットとの二股となるが、右へ直進する。さらに進むと岩場が出てきて、ここに付けられた石段を登ると、富士浅間神社の祠られた太平山山頂である。北西方面に展望が開け、日光連山が見えている。ここでゆっくり休憩しよう。

紅葉を背に建つ太平山神社

三角点を探そう

帰りは、地図読みの勉強をすることとしたい。ぜひ、国土地理院の2万5000分の1の地形図「栃木」を持参してほしい。地形図は、書店で買える。地形図を見ると「太平山」と神社記号のある山頂から南へ郡・市界の線が降りているが、途中に278・0メートルの三角点があることがわかる。この三角点標石を探し、謙信平へ降りることとする。

太平山からは来た道を戻り、露岩の付近から右へ尾根道を入ることとなる。尾根には踏跡もあり、この尾根を踏み外さないことが大切だ。踏み外したと思ったら、下には下りないこと。左側は太平山神社の石垣、右側は林道に付けられた石垣で急に落ちているからだ。しかし初心者でもそれほど難しいコースではない。

四等三角点標石を確認し、さらに尾根を下り、左へ回り込むと神社からの参道に出て、謙信平に着く。

帰りは、もと来た道を戻ってもいいし、JR大平下駅、東武鉄道新大平下駅へのルートもある。

Course Time

国学院バス停（30分）→謙信平（15分）→太平山神社（20分）→太平山（30分）→謙信平（25分）→国学院バス停

歩行時間　往復約2時間

18

三《みつ》登《と》谷《や》山《さん》から雨《あま》巻《まき》山《やま》

鮮やかな紅葉のなか大展望の稜線をたどる

三登谷山からの紅葉

雨巻山は県南東部に連なる八溝山地の南端、益子町と茂木町の境に位置している。近年、地元の登山愛好家や益子町の理解もあってハイキングコースの整備が進み、多くのハイカーが訪れている。秋から初冬にかけては紅葉が楽しめ、たくさんのバリエーションルートを活用して芳賀郡の最高峰を楽しんでほしい。稜線や山頂からは、日光連山から関東平野、筑波山、富士山など、360度の展望が楽しめる。

大川戸の登山口までは公共交通機関の便がないので、自家用車または真岡鐵道益子駅からタクシー利用となる。宇都宮方面からは、国道１２３号を笠間方面へ南下し、下大羽から上大羽へのルートをたどり、大川戸登山口へと進むことになる。近年、道路標識も整備されてきているので、不安は少なくなった。大川戸ドライブイン（釣堀）が登山口の目標地点である。

三登谷山山頂

緩やかな尾根を三登谷山へ

ドライブインのすぐ南にある雨巻山登山口は、40～50台の駐車が可能な広場で、簡易トイレも設置されている。準備が整い次第出発となる。体力や本人の希望によってどのコースを選んでもいいのだが、今回は三登谷山から雨巻山山頂を経て、猪転げ坂を急降下して、大川戸の登山口に戻る周遊コースを紹介する。

駐車場から南へ向かう林道を進み、ほどなくして三登谷山への道標に従い、右手の橋を渡る。スギ林の中のしっかりとした緩やかな尾根の登山道を進む。三登谷山からの主尾根に出て登りつめれば、ベンチのある標高４３３メートルの三登谷山の頂上に出る。

山頂からは、すぐ手前の田園地帯に秀麗な芳賀富士や、遠く関東

三登谷山から雨巻山を望む

平野の奥に高原山や那須連山、奥白根山を盟主とした日光連山など、栃木の山々が壁のごとく連なっている。

富士山の遠望を楽しむ

少し下って栗生からのコースを合わせると、南側が開けた展望地へ出る。これから目指す雨巻山が、尾根伝いに行けばいいことを知らせてくれる。ここから雨巻山までは、尾根の緩やかな登りコースである。

いくつかのアップダウンや、大川戸からの分岐・合流地点を過ぎる。山頂近くで階段の道と岩の道に分かれるが、どちらでも問題はない。さらに緩やかな登りとなり、森林の中にぽっかりと青空が広がってくると山頂は近い。

標高533・3メートルの三角点のある山頂は広く、ベンチなども整備され、休憩や昼食には最適な場所だ。東面が開け、周囲は本州南限ともいわれるブナ林が広がっている。ここから、南へ栗生・雨巻山尾根コースを少し下ると展望台があり、富士山の大展望が楽しめる。

ジグザグの急斜面は要注意

再び山頂に戻り、縦走路の周遊コースを北へ歩くこととなる。いくつかのアップダウンの尾根コースだが、最大の難所は猪転げ坂だ。イノシシも転げ落ちるほどの急坂であり、コースがジグザグに切ってあるので慎重に下ろう。特に冬場の降雪の時などは、北斜面であるため雪が解けないので注意が必要だ。

この猪転げ坂を無事通過すると、ほどなく大川戸への下山コース（峠コース）になるが、今回はここから下山することとする。

猪転げ坂

益子の里から雨巻山を展望（奥が雨巻山・右が三登谷山）

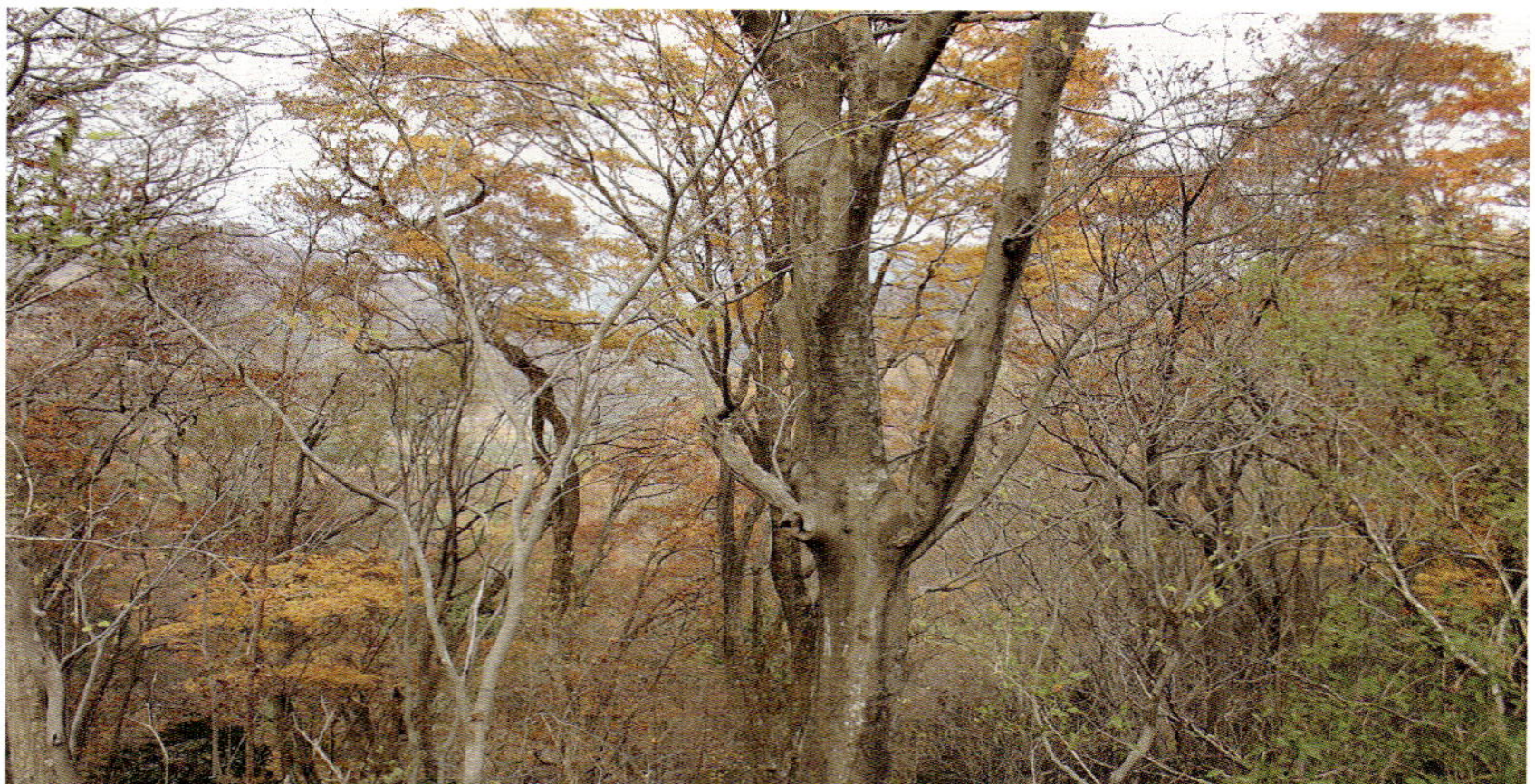

雨巻山山頂付近のブナ林

雨巻山山頂

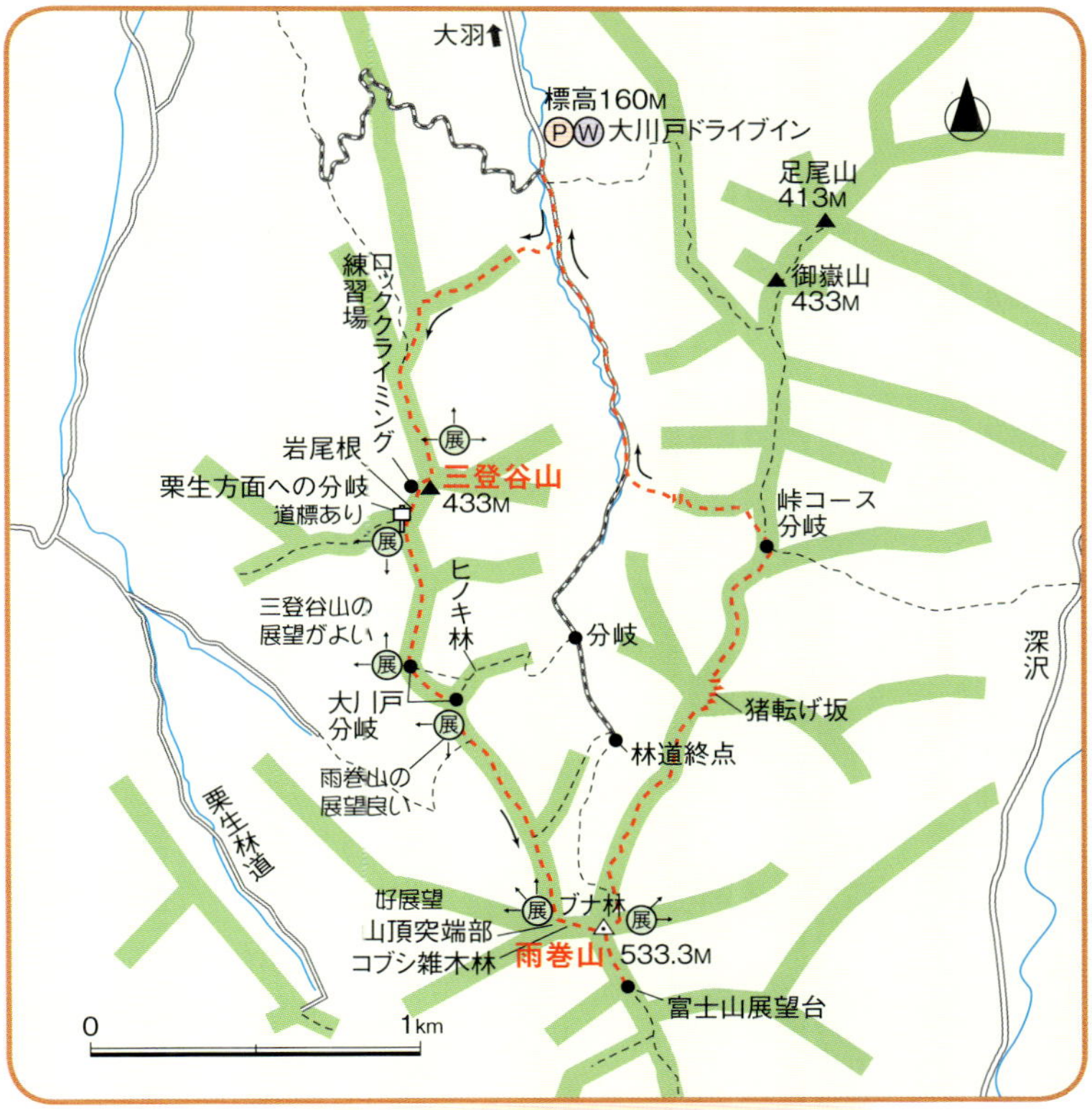

さらに尾根を進めば御嶽山・足尾山へのコースだが、体力や天候などの条件次第だ。今回は峠コースを下山し、林道を下って大川戸の登山口へ戻ることとする。

☞ Course Time

大川戸登山口（50分）→三登谷山（80分）→雨巻山（50分）→峠コース分岐（35分）→大川戸登山口

歩行時間　3時間35分

19

沼原《ぬまっぱら》湿原《しつげん》から姥《うば》ガ平《だいら》

紅葉真っ盛りの姥ガ平から茶臼岳を望む

茶臼岳とひょうたん池

姥の像

2010年（平成22）の記録的な猛暑も終わりに近く、今年の秋の紅葉は最高だろうと期待を込めて、那須の紅葉のビューポイント・姥ガ平を紹介する。紅葉の名所として名高い場所だ。那須ロープウェイを使って山頂駅から牛ガ首経由で姥ガ平に出るのが最短コースなのだが、10 月中旬からの紅葉期には那須街道は大渋滞なので、今回は沼原からの往復となる紅葉満喫コースである。

出発点は、沼原駐車場である。公共交通機関が利用できないので、板室温泉からのタクシー利用か自家用車で入るしかない。

自家用車の場合は、板室温泉から那須高原方面へ向かい、乙女ノ滝を過ぎて1キロで左に入る道に沼原湿原の標識がある。最初は舗装道路だが、途中からはジャリ道になる。終点が大きな沼原駐車場で、紅葉期には大型バスも多く入ってくる。

2005年秋号で、沼原湿原を「とちぎ『里・山』歩き」の中で紹介しているので、今回は湿原の詳細については書かないが、せっかくでもあるので沼原湿原を散策してみるのもよい。

沼原から姥ガ平を目指して

沼原湿原へ下り、T字路を右折して進むと「三斗小屋温泉・麦飯坂方面」の標識がある。

ここを三斗小屋温泉方面へ進む。ここからは、ブナやカラマツの紅葉を楽しみながら緩やかに登っていく。

ほどなく「沼原駐車場近道」の標識があり、帰りはこのルートを利用することとなる。周りはカラマツ、ミネザクラ、ミズナラ、ドウダンツツジなどの広葉樹の森であり、比較的ハイカーも少なく静かな山歩きを楽しめる。

樹林越しに流石山から大倉山への県境稜線の紅葉も望まれ、さらに緩やかに登っていけば、日ノ出平分岐である。ここも「三斗小屋温泉」の標示に従い直進する。

シャクナゲ、ドウダンツツジ、ダケカンバなどに囲まれた岩のゴツゴツした平坦な登山道を進むと、左手に流石山が見えてきて、さらに進むと目の前に紅葉真っ盛りの姥ガ平と茶臼岳の雄姿が目の前に拡がる。あっと驚く瞬間でもある。

茶臼岳から朝日岳の紅葉

三斗小屋温泉分岐

紅葉に映える茶臼の噴煙

ここからほどなくして三斗小屋温泉分岐であり、左に進めば三斗小屋温泉方面。ここからは牛ガ首方面へ進むこととなる。梵天岩を前にみて緩やかに下り、登り返せば姥の像がある姥ガ平に着く。姥の像は沼原からの姥ガ平入口付近にあるのだが、この地の命名の元となっていると考えられ、威厳が感じられる石像である。

ここを過ぎれば平坦な姥ガ平であり、多くの人がベンチやテーブルなどで休んでいる。目の前は、噴煙が上がる茶臼岳、その周囲は紅葉の真っ盛り、言葉も出ないほどの絶景である。

少し休んだら木道も整備されている左側のひょうたん池を訪ねてみよう。ひょうたん池に映る逆さ茶臼岳も絶景だ。多くのカメラマンのビューポイントとして有名である。

ここからは、牛ガ首を経て、南月山、白笹山、茶臼岳など多くのコースが楽しめるのだが、今回はここから引き返すこととする。ただし、牛ガ首まではガレた歩きにくい道を10分ほどで登れるので、上から姥ガ平を俯瞰するのもよいものだ。

那須の紅葉を十分満喫して沼原駐車場へ戻ることとなるが、帰りには板室温泉・健康の湯グリーングリーンで汗を流すのもよい。

茶臼岳の紅葉

登山道から大倉山方面を望む

梵天岩

☞ Course Time

沼原駐車場（90分）→三斗小屋温泉分岐（20 分）→姥ガ平（100分）→沼原駐車場

歩行時間　3時間30分

《追記》沼原駐車場までの道路は、現在ほとんどの部分が舗装されて快適な道路となり、ジャリ道は一部でしかない。ただし紅葉期には駐車場が満車となることもあり、その際は道路脇に駐車するしかなくなる。

姥ガ平

白笹山と沼原

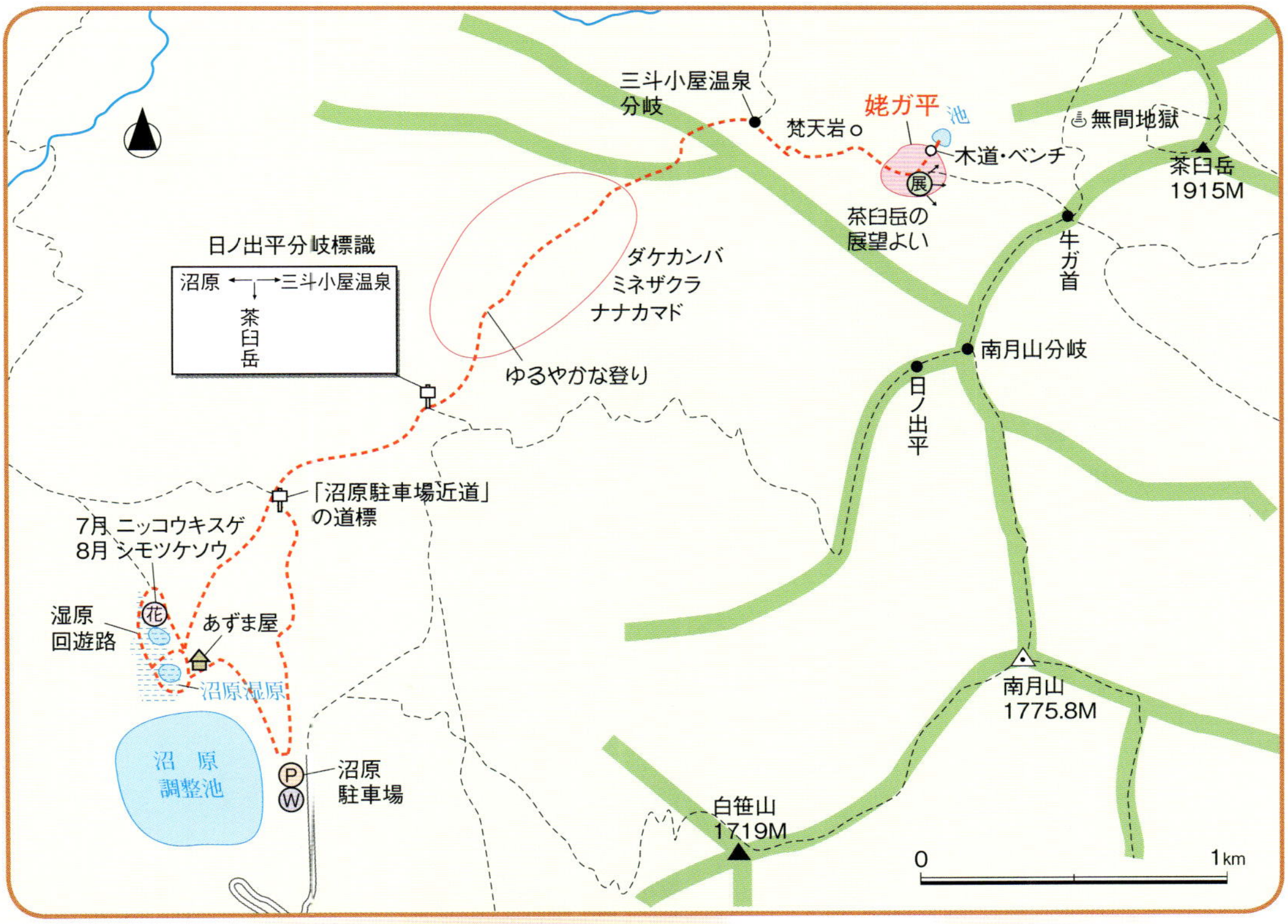

「ニセ穂高」の異名で知られる朝日岳

20

隠居倉《いんきょぐら》から三斗小屋温泉《さんどごやおんせん》

好展望の稜線を 錦繍に抱かれた秘湯を目指す

栃木県でも紅葉の時期の最高のスポットのひとつである奥那須・三斗小屋温泉1泊の山旅を紹介する。那須連峰は日光国立公園に属する火山帯であり、茶臼岳・朝日岳・三本槍岳・南月山・黒尾谷岳は那須五岳と呼ばれ、標高は2000mに達しないのに森林限界を超え、雄大な大自然や豊かな高山植物を楽しむことができる。今回は、那須五岳をチャレンジするコースではなく、その山懐にある秘湯・三斗小屋温泉で1泊し、山のいで湯と紅葉を満喫する山旅を紹介する。

三斗小屋温泉から峰ノ茶屋までの紅葉

今回は、那須岳登山指導所のある峠の茶屋が、登山出発口であり下山口にもなる。

公共交通機関を利用する場合、JR東北本線黒磯駅（新幹線の場合はJR那須塩原駅）から東野バス那須ロープウエイ山麓駅行に乗り、終点で下車し、徒歩15分ほどで峠の茶屋に着く。自家用車の場合は、最奥の峠の茶屋駐車場まで入ることができる。

峰ノ茶屋から朝日岳へ向かう

大展望の稜線をたどる

県営駐車場のある峠の茶屋でトイレを済ませ、那須岳登山指導所で登山計画書を提出したら、いよいよ峰ノ茶屋を目指す。小さな鳥居をくぐり、灌木帯の石のゴロゴロした登山道をゆっくり登る。

灌木帯を過ぎると傾斜が緩くなり、同時に視界が開けてくる。右手に峻険な朝日岳が日を浴びて輝き、左手には茶臼岳北面を仰ぎ見ることができる。10月初旬から中下旬にかけては朝日岳や鬼面山の紅葉も見ごろとなる。

茶臼岳北側のトラバース道を進むと、前方に見えていた峰ノ茶屋の避難小屋に着く。ここは冬の強

登山道より峰ノ茶屋を望む

風が有名なところで、四つ足歩行や腹ばい前進を強いられたり、荷物を飛ばされたりするなど、エピソードには事欠かない。眼下に広がる那須野ガ原を眺めながら休憩しよう。

ここからは朝日岳を目指し、剣ガ峰の東側の岩稜を巻き、クサリ場のある急登をいく。左側の谷に切れ落ちている岩場をトラバースすると、ひと登りで朝日岳の肩に出る。朝日岳山頂までは15分ほどなので、時間が許せば登っていこう。

ここから稜線を北へとたどり、熊見曽根分岐へ向かう。峰ノ茶屋からは尾根伝いなので、風の強いときなどは注意が必要だ。

熊見曽根分岐からは左折して隠居倉を目指す。ここも尾根伝いで、まもなく丸い山頂広場のある標高1819メートルの隠居倉に着く。360度の大展望を楽しみ、ゆっくり休憩しよう。

紅葉の海原を縫って 奥那須の秘湯へ

ここから三斗小屋温泉までは、登りはなく下降のみとなる。ササと灌木の間の急下降になるので気をつけよう。この尾根の下山路からは、北に那須連峰最高峰の三本槍岳の雄姿や茶臼岳西斜面の美しい景観が広がり、眼下は紅葉の大展望となる。隠れた那須の紅葉の

隠居倉山頂で仲間たちと

通称カラ焼周辺の紅葉

長い歴史を持つ三斗小屋温泉

三斗小屋温泉神社

名所である。

やがて噴煙の上がる通称・カラ焼が見えてくる。そこを通過し、さらに下山すると三斗小屋温泉神社に出る。

社殿の「昇り龍、下り龍」の彫刻は有名で、「東照宮を造った宮大工が湯治がてら掘ったのではないか」との想像もはたらく。

さて、今宵の宿となる三斗小屋温泉はあと少しだ。明日は峰ノ茶屋を経て、出発点ともなった峠の茶屋の県営駐車場へ戻ることになる。

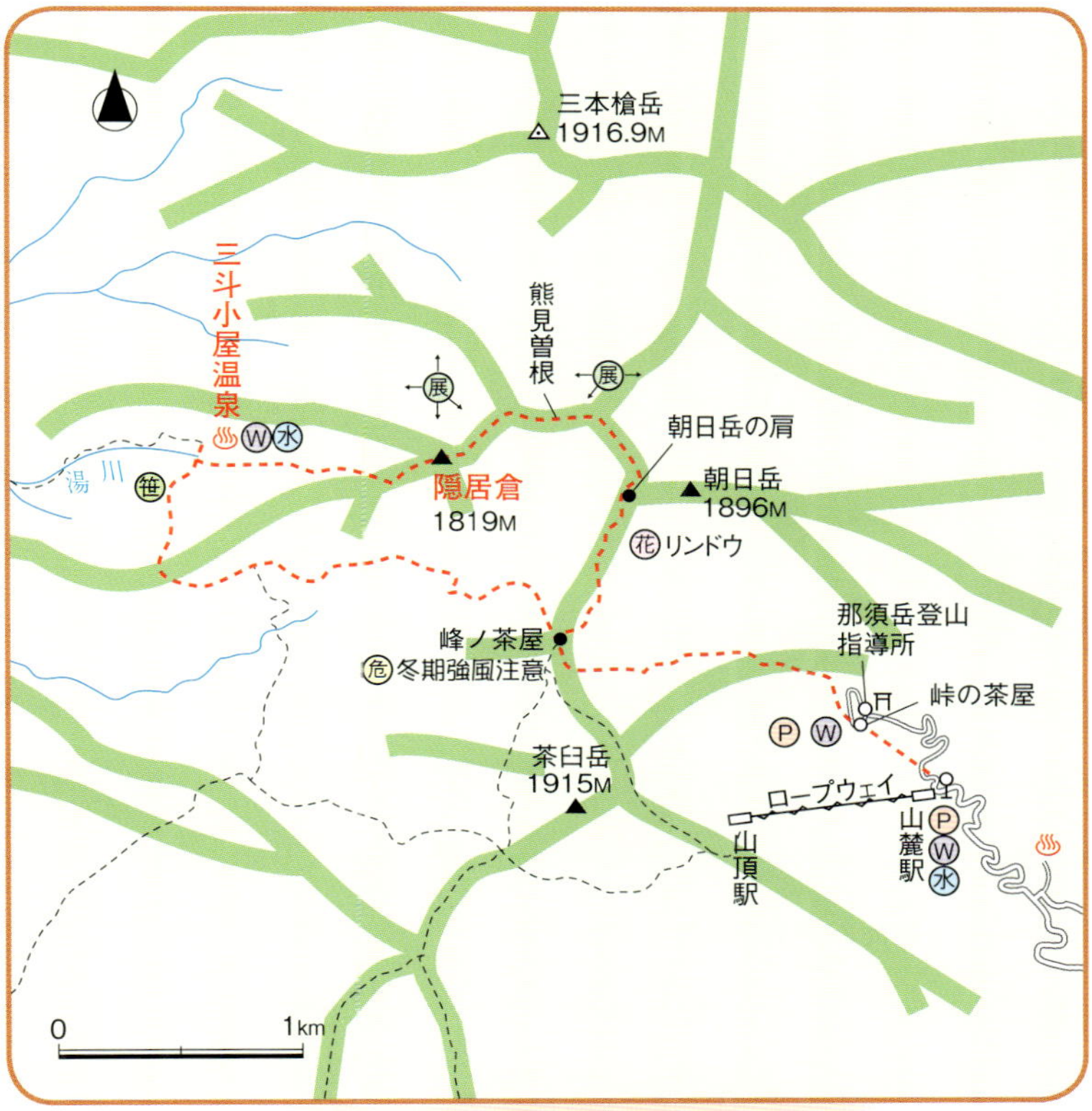

☞ Course Time

峠の茶屋（50分）→峰ノ茶屋（50分）→朝日岳の肩（15分）→熊見曽根分岐（30分）→隠居倉（45分）→三斗小屋温泉（泊）（25分）→沼原分岐（55分）→峰ノ茶屋（40分）→峠の茶屋

歩行時間
1日目=3時間10分
2日目=2時間

八丁出島と男体山

21

中禅寺湖《ちゅうぜんじこ》南岸歩道《なんがんほどう》

奥日光の秀峰を望み 色彩やかな湖畔をいく

秋の中禅寺湖畔の紅葉は、「これを見ずして結構というなかれ」とも言われるとおり、見事の一言。10月の中下旬には、山の紅葉が湖畔に下りてくる。道路は奥日光・中禅寺湖畔まで一本道で渋滞が予想されるが、まだ暗い早朝に起きだして、自家用車で立木観音のある歌ガ浜まで入れば、朝一番の紅葉ハイキングが楽しめる。イタリア大使館別荘記念公園をへて、八丁出島の紅葉を眺め、社山登山口である阿世潟までの往復2時間コースを歩こう。日光の紅葉を満喫できるはずだ。

赤く燃える中禅寺湖の紅葉

交通渋滞を避けるため、できる限り早く出発点である立木観音・歌ガ浜駐車場に入ろう。なお、公共交通機関を利用の場合、ＪＲ日光線日光駅または東武鉄道東武日光駅から、東武バス湯元温泉駅行に乗り、立木観音入口バス停で下車。中禅寺湖畔を南へ下れば10分ほどで立木観音に着く。1泊2日ののんびり日程で中禅寺湖岸のハイキングを楽しむには、公共交通機関利用も良いものだ。

空の青さを映す中禅寺湖

さて、歌ガ浜駐車場で、トイレを済ませ、水を補給してからの出発となる。中禅寺湖を前に見て、北に日光富士とも呼ばれる男体山が大きく、高山、温泉ガ岳、金精山、前白根、県内最高峰の日光白根山、錫ガ岳と続き、そして南に鋭角の社山がそびえ立っている。奥日光の代表的な山々に囲まれた美しい浜が歌ガ浜である。

反対側は、坂東三十三番札所の日光山中禅寺「立木観音」である。ここの紅葉も素晴らしい。御本尊の十一面千手観世音菩薩は、桂の立木をそのまま彫ったことから立木観音と呼ばれている。

駐車場を南に進み、中禅寺湖スカイライン脇の木道を進むと、すぐに車止めのゲートがあり、一般車両は入れない。ここからスカイラインと別れて南岸歩道となる。舗装された細い車道を登り気味で歩いていく。

しばらくすると、湖岸に黒い建物が見えてくる。旧イギリス大使館別荘で、現在は使われていない。建物・土地は栃木県の所有となったとのことで、将来は隣のイタリア大使館別荘と併せて一般公開されそうだ。

砥沢に架かる橋を渡れば、イタリア大使館別荘記念公園だ。明治中頃から昭和初期にかけて、中禅寺湖畔には大使館別荘をはじめ多

空と湖の青に映える八丁出島を望む（後方の山は白根山）

イタリア大使館別荘記念公園

くの外国人別荘が建てられ、国際避暑地として発展した。その中のイタリア大使が使った別荘をできる限り床板など再利用し、復元した建物が公開されている。時間が許せば帰りに内部まで見てくるとよい。午前9時からの開館である。

息をのむ八丁出島の絶景

さらに進むとログハウス風の民家があり、そこを過ぎて進むと湖岸越しに八丁出島が見えてくる。八丁出島の赤と緑と黄のコントラストのきいた紅葉はどこから見ても美しい。八丁出島の上には、日光白根山と前白根の茶色の山が見えている。八丁出島の紅葉のベストシーズンには、奥日光の山々の山頂付近の紅葉は終わっている。さらに車道を進むと狸窪に着く。ここを通り過ぎると車止めがあり、半月峠への登山道が左へ登っている。ここから歩道は未舗装となり、ブナやミズナラ、カエデ類の広葉樹に囲まれた明るい歩道であり、落葉を踏みしめてのハイキングとなる。

やがて、八丁出島の付け根を横切り、さらに進むと、時期にもよるが落葉も深くなり、絨毯の上をふさふさ歩くような時もある。湖岸が近づいてくると、白浜に降りてみるのも良い。正面に男体山、右手に八丁出島の紅葉、空は天高

見事に色付く南岸歩道

く、湖水は青々として小さな波がピチャピチャと波打ち際に押し寄せる。さらに歩道を進みダケカンバが多くなる平坦地に着くと標識のある阿世潟だ。左へは阿世潟峠を経て社山へのルートが、右へは中禅寺湖畔を千手ガ浜までの長いルートが待っている。時間が許せばチャレンジしてほしいが、今回はここから元来た道を引き返すこととなる。

《追記》原稿初出時は英国大使館別荘記念公園はまだ公開されていなかった。

阿世潟・落葉の絨毯を歩く

坂東三十三番札所・日光山中禅寺「立木観音」

Course Time

立木観音・歌ガ浜駐車場（60分）→阿世潟（60分）→立木観音・歌ガ浜駐車場

歩行時間　2時間

稲荷川の紅葉と女峰山

22

稲荷川《いなりがわ》砂防堰堤群《さぼうえんていぐん》

紅葉の山々を背にした清流をたどる

日光・女峰山に源を発し、雲竜渓谷を流れ落ち、東照宮の南で大谷川に合流する稲荷川は暴れ川として知られ、たびたび土砂災害を発生させてきた。そのため、1918年（大正7）から内務省（現・国土交通省）によりいくつもの砂防堰堤が築かれてきた。これらのうち稲荷川流域では、大正年間から昭和初期にかけて建設された8つの堰堤が国の登録有形文化財として2002年（平成14）と2003年に登録された。稲荷川右岸にはこれらの堰堤巡りができる約2kmのハイキングコースが整備されている。真っ盛りの紅葉の山々をバックに、稲荷川の清流と文化財堰堤群を眺めながら歩くコースを紹介する。

JR日光駅または東武日光駅から東照宮方面へ向かい、神橋を渡り右折して小杉放菴記念日光美術館を通り過ぎると、稲荷川にかかる稲荷川橋の手前に国土交通省日光砂防事務所の「探してみよう石造りの文化財(砂防堰堤)」という大きな案内標識が立っている。そのすぐ手前の稲荷川右岸の林道を入っていく。東照宮山内への道を分け、開山堂、白糸の滝、滝尾神社を過ぎる。このあたりも「もうひとつの日光」とも言われ、紅葉の散策も良いものだ。さらに林道を進み、2つのヘアピンカーブを登り、右に回り込んだスギ林の中に「砂防堰堤群（ハイキングコース）」の標識が立っている。ここが出発地点となる。

稲荷川第6砂防堰堤（登録有形文化財）

ここまで稲荷川橋から2・3キロ地点。歩いても30～40分程度だが、今回は自家用車で入ることとする。路肩に2～3台の駐車スペースがあるので、迷惑にならないように置こう。林道の車止めのあるハイキングコースの最終地点まではあと1・5キロ。その中間地点にも大きな駐車スペースがあるので、そちらを利用してもよい。

清流に映える美しい石積み

砂防堰堤群ハイキングコースは約2キロ。ここから、ゆっくりのんびり紅葉を楽しみながら稲荷川の右岸を歩くこととなる。出発地点

稲荷川の紅葉

から回り込んで稲荷川へと出ると、正面には女峰山の稜線が遠くに、真ん中に稲荷川の清流が流れ、いくつかの堰堤群が見渡せる。周囲は紅葉の中である。

緩やかにハイキングコースを下っていき、河原が近づいてくると先ほど見えていた石積みの稲荷川第11砂防堰堤、第7砂防堰堤と続き、登録有形文化財の第6砂防堰堤（1922年〈大正11〉建設）はハイキングコースのすぐ隣にある。美しいカーブを描く石積みの堰堤が河原に降りていき、その先で稲荷川の水を落としている。ちなみに稲荷川砂防堰堤の番号は造られた古い年代順にナンバーがつけられている。

稲荷川第２砂防堰堤（手前）と第３堰堤（奥）

第12砂防堰堤の次が登録有形文化財の第4砂防堰堤（1921年〈大正10〉建設）である。木のデッキがつけられ、案内標識の先に見えている。さらにその奥には第2砂防堰堤（登録有形文化財）の一部も見えている。登録有形文化財の第2砂防堰堤（1920年〈大正9〉建設）はハイキングコースのすぐ脇にあり、2段になっている下段の砂防堰堤は緩やかな傾斜を保ち優美に水を流している。この上流にはやはり有形登録文化財の第3砂防堰堤（1921年〈大正10〉建設）も見渡せ、堰堤群の核心部分といったところか。

稲荷川遊歩道と紅葉

さらに続く堰堤群と別れて

ここからは、両側の樹林も多くなり、川床も下の方になって河原の眺望も見づらくなるが、第8、第9、さらに第9上流砂防堰堤と続く。ちなみに第1砂防堰堤であるが、第9砂防堰堤の上流部に建設され1919年〈大正8〉に竣工したが、その年の9月の暴風雨による土石流で破壊されてしまって、現在「第1」の名のつく砂防堰堤は存在しないのだそうだ。途中には、人力で石を割っていたやり方や、割った石がおかれていて説明板もある。

第9上流砂防堰堤を過ぎると、釜ツ沢砂防堰堤方面の林道に出る。反対に下ればハイキングコース最終地点の車止めである。釜ツ沢方面へ行くと、登録有形文化財の第10砂防堰堤（1923〈大正12〉建設）、近代的な第10上流砂防堰堤（2008年〈平成20〉建設）と続くが、「この先ガケ崩れ」で全面通行止めとなっている。橋の上から眺める紅葉も良いものだが、早めの復旧を望んでいる。

帰路は、来た道を戻るか、林道を出発点まで戻ることになる。

稲荷川と新旧堰堤群と女峰山

稲荷川第10上流砂防堰堤（2008年〈平成20〉2月完成）

Course Time

砂防堰堤群ハイキングコースは約2km

歩行時間　往復2時間

中禅寺湖と男体山

23

歌《うた》ガ浜《はま》と中《ちゅう》禅《ぜん》寺《じ》湖《こ》

湖面に映える山の彩りをハイクの道連れに

拙著『とちぎ「里・山」歩き』を発行したのが2010年（平成22）3月。その中でコラムのひとつとして「奥日光避暑地の楽しみ」を書いた。当時の私は梅雨時期から灼熱・残暑の9月までは宇都宮を逃れ、いろは坂を登り中禅寺湖畔の歌ガ浜で避暑をしていた。といえばリッチな富裕層を思い浮かべるだろうが、私の宿泊地はパジェロ・ホテル。愛車・パジェロの中での車中泊だった。妻も一緒が多く、宿泊費が浮いた分、湖畔のレストランで、ヒメマスやニジマス料理を堪能していた。中禅寺湖畔の夕日を眺めながら、究極の幸せを感じる日々だった。今は営業していない「湖畔の湯」も疲れを癒してくれた。

歌ガ浜駐車場

中禅寺湖畔は標高1269メートル、宇都宮市内とでは1100メートルほどの標高差がある。温度は、標高が100メートル上がるごとに0・6度下がるので、7度近く涼しく（寒く）、そして湖畔に吹く風があるので、実際には10度近くの寒暖差を感じる（風速1メートルの風が吹くと体感温度が1度下がる）。それにカラッとしていて乾いた空気が清々しい奥日光は、梅雨知らずとも言われている。そんな歌ガ浜が今回のベースキャンプである。

中禅寺湖を囲む山々

公共交通機関利用の場合、JR日光線日光駅または東武鉄道東武日光駅から湯元方面への東武バスに乗り、立木観音入口バス停で下車する。南へ10分ほど湖畔を下ると歌ガ浜駐車場である。立木観音を東に中禅寺湖遊覧船立木発着場を西にした湖畔の駐車場で、自家用車利用の場合はここまで入れる。湖畔車中ホテルもいいもので、近年はキャンピングカーをはじめ、多くの利用車があり、安全上の不安はない。

まずは湖畔から中禅寺湖を眺めてみよう。公衆トイレ近くの北からの眺望では、栃木県を代表する

社山と中禅寺湖の夕日風景

歌ガ浜のナナカマド

名峰・男体山がデンと座っている。秀麗な二等辺三角形で「日光富士」とも呼ばれ、深田久弥氏による「日本百名山」の一つである。湖畔にその案内標識が立っている。

西側に目を移せば、南北に連なる山稜が壁となっていて、栃木県での最高峰・日光白根山から錫ガ岳への展望が湖上に広がる。さらに南へ目を移せば、これも烏帽子を突き上げるようなひときわ尖った社山を中心とした山並みが湖畔にその影を映している。駐車場のナナカマドの紅葉もいいが、東側にある立木観音の紅葉も見ごたえがある。

八丁出島と記念公園

時間もあるので、八丁出島の紅葉を楽しみに出かけてみよう。しっかりした林道歩きなので、スニーカーでも問題はない。

舗装された道を進むと、ほどなくして英国大使館別荘記念公園に着く。２０１６（平成28）年7月に開園した公園である。

英国の外交官として、近代日本の形成に多くの影響を与えたアーネスト・サトウの個人別荘として１８９６年（明治29）に建てられたもので、その後、英国大使館別荘として長年使われてきた歴史ある建物がその中心にある。

ちなみに、サトウの次男が植物学者であり、登山家としても有名な武田久吉博士。日本奥地を旅し

日光山中禅寺・立木観音

たイザベラバードも滞在し、「山荘から眺める風景の素晴らしさ」を綴っている。

　隣がイタリア大使館別荘記念公園。この公園内の紅葉も素晴らしいの一言につきる。

　さらに進めば、奥日光の紅葉の一番の名所・八丁出島が見えてくる。半月峠の展望台からの眺望が有名だが、この湖畔からの出島の紅葉も見事である。

　この辺から、またゆっくり戻ろう。歌ガ浜に戻れば、太陽の黄金の光が湖面にシャワーのように降り注ぐ夕刻が待っていて、湖畔での悠久の時間をサンセットまでゆっくり過ごそう。

イタリア大使館別荘記念公園

英国大使館別荘記念公園（夏の風景）

Course Time

歌ガ浜駐車場（15分）→英国大使館別荘記念公園（5分）→イタリア大使館記念別荘公園（20分）→狸窪（40分）→歌ケ浜駐車場

歩行時間　1時間20分

白壁に紅葉が映える日光金谷ホテル

24 神橋《しんきょう》から憾満《かんまん》ガ淵《ふち》

紅葉に彩られた日光市内散策コース

日光の紅葉は、日光白根山、男体山など奥日光の山々から始まり、戦場ガ原、中禅寺湖、いろは坂と下り、10月下旬から11月上旬には世界遺産の二社一寺がある日光山内へと降りてくる。東照宮、二荒山神社、輪王寺の紅葉の名所もたくさんあるが、今回はJR日光駅または東武日光駅から歩きだし、紅葉真っ盛りの旧日光市内を散策する旅である。市内の紅葉を楽しみながら、「もうひとつの日光」で紹介されている化け地蔵の憾満ガ淵、大日堂跡を経て、日光植物園、田母沢御用邸記念公園まで歩くコースを紹介する。

出発はJR日光駅または東武日光駅である。JR日光駅は、ネオルネサンス様式の木造洋風建築2階建てで、1階には貴賓室もあるクラシックな建物だ。ここから二社一寺へと続く参道でもある国道119号に向かって歩きだす。東武日光駅周辺からは、街並み景観の整備が進み、電柱の地中化や歩道の拡幅が進められ、門前町らしくなってきた。御幸町の信号を左に折れると、突きあたりが天理教日光大教会で、モミジの紅葉がきれいなところだ。

御幸町まで戻り、少し進むと日光郷土センターがある。観光情報などはここで手に入る。日光市役所日光支所を過ぎ、左手の急な坂を上っていけば鉢石山観音寺で、ここも紅葉スポットだ。さらに国道を進み、板垣退助の銅像の脇を左に上っていくと日光金谷ホテルに出る。見事な紅葉に時を忘れることだろう。時間が許せば、日光最古のホテルでティータイムも楽しめる。

清流に映える紅葉

国道に戻り、大谷川を渡る地点が朱塗りの神橋。日光開山の祖・勝道上人一行が、ここの激流を渡れず神仏に祈ると深沙大王が現れ、赤青2匹の蛇を投げて両岸を結ぶと橋となり、上人らを渡したと伝えられている。神橋越しの紅葉と清流に目を奪われる。

ここを左折し大谷川沿いに進む。日光市総合会館から左手に折れて、「憾満のみち」を進み、浄光寺の表参道に出る。ここには自然石で造った珍しい石升の簡易水道があり、いまでもこんこんと石升から水が落ちている。大正時代は水道として利用されていたが、現在は飲料としては使われていないとのことだ。浄光寺の山門前のモミジの紅葉も真っ赤である。寺の中には、憾満親地蔵御首、菅笠

大谷川に架かる朱塗りの神橋

日限地蔵、防火隊碑、文豪連理塚などがある。

再び「憾満のみち」に戻り、大谷川の憾満大谷橋を渡る。道なりに行けば、駐車場とトイレのあるストーンパークに着く。石塔や石仏を眺めながら進むと、大正天皇御製歌碑がある。この辺一帯は、避暑に訪れていた大正天皇が好んで散策をしていたところだ。

コケむした無言の地蔵群

公園をすぎれば、日光の景勝地・憾満ガ淵に出る。大谷川の激流が荒れ狂い、溶岩を削り落して自然の造形美を創り出した渓流地である。ここには、「並び地蔵」「百地蔵」「化け地蔵」とも呼ばれるたくさんの地蔵が座っている。何度数えても数が合わないことで有名だ。かつては100体近くあったが、明治時代の水害で流されてしまい、現在は70体ほどという。

憾満ガ淵から日光宇都宮道路沿いに西へ進むと、大谷川に架かる大きく立派な吊り橋が見えてくる。これが大日橋で、大谷川左岸に見える石組と芝生の広場が、水害で流された大日堂跡である。

ここからは、斜めに国道120号に出て戻ることとなる。ほどなくすれば日光植物園に出る。正式には東京大学附属植物園日光分園といい、本園は東京都文京区にある小石川植物園で、江戸幕府が設けた「小石川御薬園」がそもそもの始まりである。この植物園も紅葉真っ盛りで、一見の価値がある。その隣が田母沢御用邸記念公園で、地続きで大正天皇の散歩道でもあったそうだ。田母沢御用邸記念公園も紅葉スポットとして名高い。

ここからは、田母沢バス停からバスでJR日光駅・東武日光駅まで戻る。もちろん歩いてもかまわない。

秋の深まりを感じる浄光寺表参道

日光の玄関口・JR日光駅

憾満ガ淵の化け地蔵

☞ Course Time

JR日光駅・東武日光駅（40分）→神橋（40分）→憾満ガ淵（20分）→大日堂跡（50分）→田母沢御用邸記念公園（バスでJR日光駅・東武日光駅まで戻る）

歩行時間　2時間30分

紅葉に包まれた大日橋

大日堂跡

日光植物園の鮮やかな紅葉

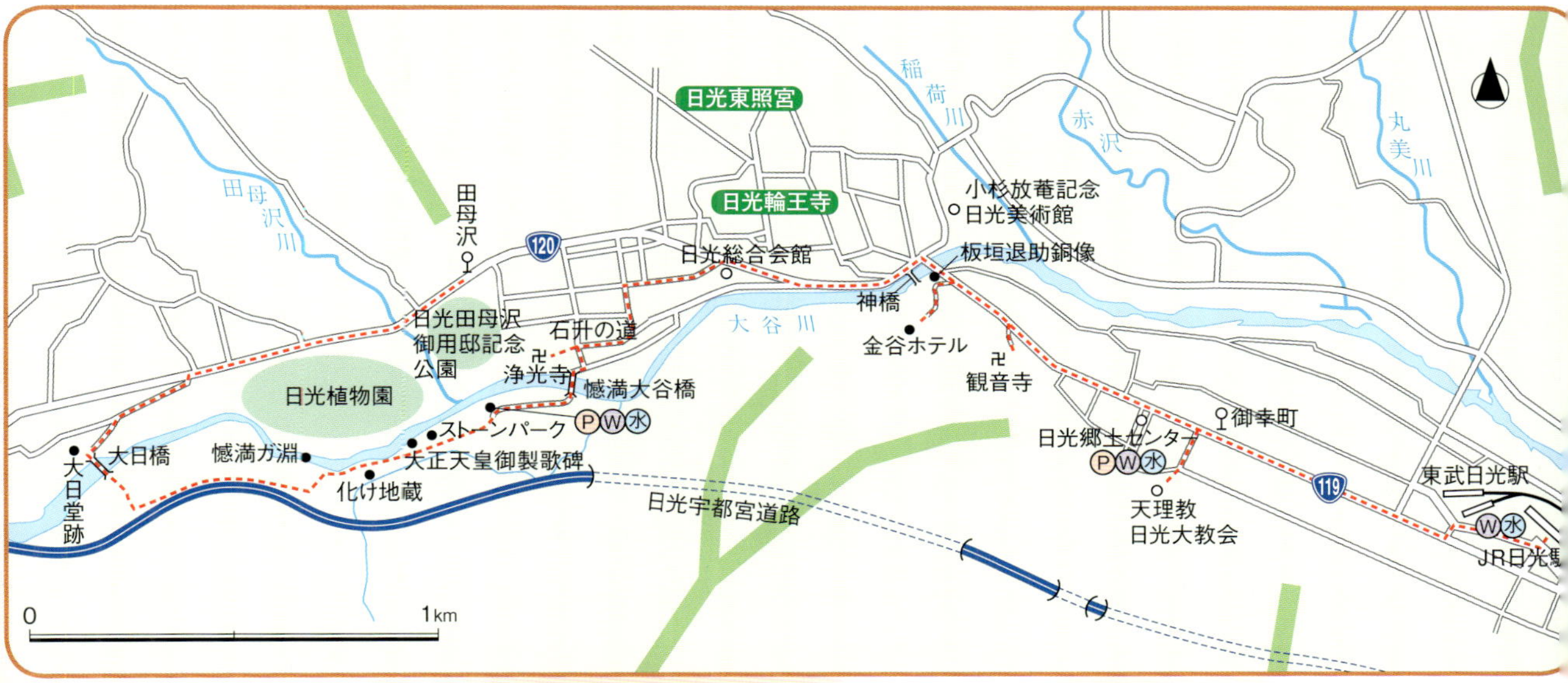

今、古賀志山に想うこと

拙書『とちぎ「里・山」歩き』（随想舎刊）を2010年（平成22）に出版したが、その中のコラムの一つに「古賀志山に想うこと」を書いている。

古賀志山は宇都宮市民にとっても全国的に誇れる自然環境豊かな自然を有する山域で、大谷石を産出するなど歴史的価値があり、中世山城の多気山城や多気不動尊などの信仰の聖地でもある。この辺り一帯は、経済的波及効果も大いにある「宇都宮市の宝」であると私は考えている。

その「宇都宮県立自然公園」の最高峰・古賀志山（582・8㍍）を中心とするハイキングルートの現状を憂える内容だった。

その中では「近年これらのルートを歩くと、ありとあらゆる谷や尾根に踏み跡が出来ている。確かにエスケープルートも必要であろうが、古賀志山はズタズタの状態と言ってよいほどだ。新規ルート開拓などとルートを作るにもほどがある。なぜか、私には古賀志山は泣いているとしか思えない」。そしてその責任は、「栃木県や宇都宮市当局が県立自然公園内の自然環境の保護や管理を怠ってきたのが最大の原因である」と書いた。

これからが、その後の経過なのであるが、多少の前進があったとしても、前書での認識や私の考えが今でもそんなに間違っていなかったと感じている。

さて、『とちぎ「里・山」歩き』を出版した2010年にある人から自宅に電話がかかってきた。その人は、『日光修験三峯五禅頂の道』『古賀志の里歳時記』（いずれも随想舎刊）の著者である池田正夫さんだった。

教職一筋、小学校の校長先生、市中央公民館の社会教育指導員などを歴任された古賀志町出身の先生である。私の拙書コラム「古賀志山に想うこと」を見てくれていたのだ。

そんなわけでお会いしたら、「古賀志山を守ろう会」を立ち上げたいので協力をお願いしたいとの主旨だった。2014年（平成26）には「古賀志山を守ろう会」が設立され、同年8月26日にはNPO法人として認可された（いずれも代表は池田理事長）。私は、微力ながらずっと会理事として運営に関わらさせていただいた。

「守ろう会」は古賀志山の無許可樹木伐採反対、無益な山道の開削への反対、環境保全や自然を守る活動、岩場等の危険個所でのクサリ等の設置、マナーを守る登山・ハイキングなどの啓発活動を続け

足尾山塊から那須連山までの展望がわかる山名板

山頂に新設された山名板

会員のボランティアによって整備された登山道

現在地が特定できるID番号付き表示板

登山道に新設された道標

ている。そして多くの皆さんの寄付や宇都宮市民活動助成基金などを活用した会員の手作りによる山名板、地名板、道標、遭難事故が発生した時の現在地が特定できるID番号付き表示板、山頂からの展望標識などの整備や、登山道の階段整備などを行ってきている。

　古賀志山主稜線を中心としたこれらの活動は、池田理事長の尽力や多くの会員の手弁当での作業により、ほぼ順調に進んできたといってよい。

　しかし、古賀志山周辺は、民有林が46%、国有林が41%、市有林が13%という状況で権利関係が複雑に絡み、登山・ハイキング道を整備したり、地名板・標識を1枚立てるにも、所有者の同意や関係機関の許可などのハードルが待っている。これらをひとつひとつクリアーしていかねばならない。

　さらに宇都宮県立自然公園の保護がかかるエリアが、赤川ダムと古賀志山周辺だけではなく、多気山、男抱山、半蔵山、鞍掛山から日光市との市界に及ぶ広大な地域である。県立公園の指定は県、管理は市ということらしいが、その責任関係が非常にあいまいな感じはずっといなめない。古賀志山を含む大谷地区は、私は「宝を生み出す地域や山岳自然」と思っているのだが……。

　私は、この間の宇都宮市当局との話し合いなどを通じて、この県立自然公園を守ろうとする姿勢に「主体性や積極性」があまり感じられないと感じているのが率直な感想だ。それでも「古賀志山を守ろう会」などの活動支援には感謝している。本来は市当局が当然やるべき業務だと私は思っている。

山での怖い生き物（ヤマビル）

これは最近、県南の山に行ったときの体験談である。

最初にヤマビル（山ヒルと通常言っているのだが）の基本的なおさらい。ヤマビルは、吸血性のヒル類としては唯一の陸生ヒルだそうだ。日本では生息域が北上しており、栃木県南部の山々では危険情報としての報告例がたくさん出ている。

梅雨などの湿潤期には活動が活発化するが、乾燥に弱い（が死なないでじっとしている）。体長は25ミリから35ミリで伸び縮みが激しく、危険を感じるとくるりと丸まってしまう。シャクトリムシのように動く。

私が40歳代のころネパールヒマラヤのトレッキングに何度か出かけたが、ヤマビルは木の上から降りてきて人間の体にまとわりつき吸血する怖い動物だと教わった。

しかし、ポスト・プレモンスーンの乾燥期のトレッキングだったので、見たこともないし、吸われたこともなかった。この年まで動植物学辞典のなかでの写真としてしか見たことがなかった。

２０１７年（平成29）４月29日に、妻と久しぶりに県境の熊鷹山に小戸口登山口から登った。登山口までの各所で「山ヒル」注意の看板が目に付いた。登りはじめ途中のワサビ田が荒廃していて残念な思いがしたが、山頂のアカヤシオはまだ咲き初めでトウゴクミツバツツジの最盛の頃にもう一度行きたいとの思いがあった。

５月14日、再び妻と２人で今度は学林口から林道を西に行き林道の終点から沢沿いに登り、東の尾根に取りつくコースを登りはじめた。

このコースは数年前の豪雪でスギ・ヒノキの植林が倒れ、登山道も不明な部分があったが、経験しているコースなので倒木帯の不安定な登山道を確認しながら東の尾根の取りつき目指して登っていった。

すると、妻が靴下の中がムズムズするという。ズボンを上げて下肢を見ると、茶黒色の動物が食いついている。とっさにヤマビルと確認し、振り払うがなかなかその動物は体から離れない。それでもその動物を体から引き離した。出血があったが、まだ初期の段階であったらしく出血はさほどでもなく止まった。

そのとき、他にも妻には２匹、私にも２匹のヤマビルが取りついていたが、まだ登山靴やズボンの外であったので払い落とした。しかし、帰りのルートも同じコースをたどらざる得ず、その恐怖に慄きながら下った。

ヤマビルは動物の接近に対して二酸化炭素や振動、熱などを感知して行動を起こすらしい。危険ゾーンに入るとなぜか樹林の上からカサカサと音がする。上からの攻撃もあるし、下から這い上がってくるものもいる。足元を見ると何匹かのヤマビルが確認できる。慌ててそれらを振い落とし下山口に降り立った。

しかし、そこでも登山ズボンに食いついているヤマビルもいるではないか。払い落とそうとしても、ズボンに食らいついていてなかなか離れない。やっとのことで払い落とし、登山靴で踏み殺そうとしても、小さく丸くなって踏んでも踏んでも生きている。ソックスの上からも吸血するとのことだ。

対策は、酢漬け・塩漬け乾燥の靴下とかタオルを首にかけるとか、幅広ボウシ・長袖・長ズボン・靴下の中にズボンを入れるとか言われているが、特効薬はないようだ。最近、ニガリを利用した新たな凝固剤が開発されたという新聞報道があった。

泉門池から男体山を望む

冬

コースから見る足利市街（東側）

25 織姫公園《おりひめこうえん》から天狗山《てんぐやま》

白くかすむ梅林を眼下に好展望の尾根をたどる

出発は足利市の織姫神社北側にある織姫公園。アカマツと岩場のゴツゴツとした尾根をたどり、左下の西渓園の梅林を眺めながら展望コースを北上して両崖山にたどり着く。南には、富士山やスカイツリー、関東平野の雄大な風景が広がる。両崖山から天狗山を越え、馬蹄形の縦走コースを楽しみ、南に延びる尾根を緩やかに下る。時間が許せば、西渓園の梅林に立ち寄ることをおすすめする。春の息吹を感じるさわやかハイクの感動が、さらに大きくなるだろう。

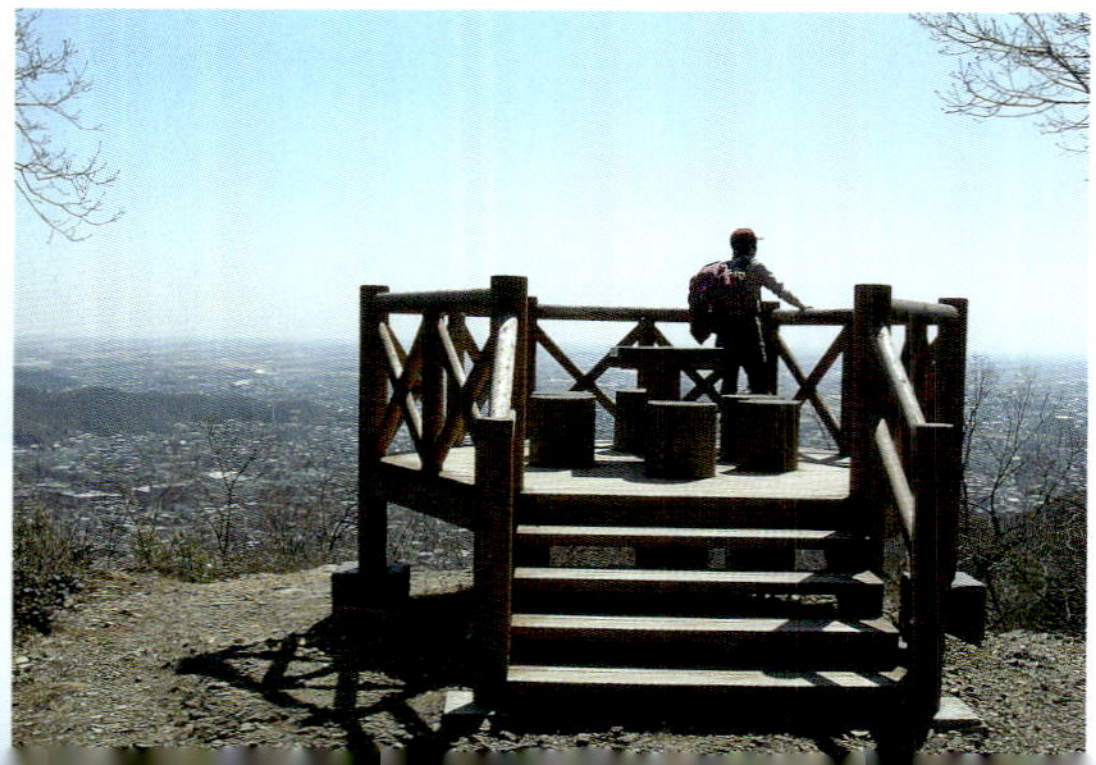

展望台から足利市街を望む

ＪＲ足利駅から織姫神社を経てのコース案内が多いが、今回は最短の自家用車を使っての織姫公園駐車場を起点とするコースを紹介する。

出発点は織姫神社の北の機神山山頂古墳のある公園駐車場だが、狭い道を登っていくので分かりづらい。足利市役所を北に進み、消防署西の交差点を左折し、織姫観光道路を進めば織姫公園駐車場である。公園は春のサクラ、秋のモミジと市民の憩いの場でもある。ここから尾根道を北に歩き出す。

梅林を眼下に岩尾根をたどる

最初の展望台を過ぎれば、アカマツと岩のゴツゴツとしたハイキングコースとなる。アップダウンを繰り返しながら進むと、左下に真っ白いじゅうたんを敷きつめたような谷が見えてくる。西渓園の梅林で、2月中旬から3月中旬が見頃だ。大きな裸岩の上に立てば、西渓園の梅林は眼下に白い雲がたなびくようにかすんで見え、足利市外や関東平野、富士山や東京スカイツリーなどの大展望が待っている。

引き続き岩尾根を登っていくと、岩場の上に木組みの展望台があり、足利市内や近郊の山々などの展望も楽しめる。左手に、あずま屋を見て、石の鳥居をくぐり、石段を登れば両崖山山頂（２５１メートル）で、木曽の御嶽山を勧請した御嶽神社が祀られている。両崖山は中世からの山城で、１５９０年（天正18）、小田原北条氏に味方した足利長尾氏の６代顕長の没落により、荒廃に帰し、今は本丸跡の石垣を残すのみである。

天狗山へは、石段を戻って鳥居の手前を標識に従い、あずま屋を過ぎて西の尾根を下る。登り返したピークが、ヤマツツジやムラサキヤシオツツジの名所紫山である。再び西尾根の雑木林の下りと

西渓園の梅林

なり、峠は南へ下れば本経寺へと出るコースとなる。ここからは急な登りとなり、尾根道と巻き道の分岐があるが、尾根コースを進むとトラロープが出てくる急登が待っている。登り切った岩が天狗岩で、南側の展望が開ける。

今回のコースはどこまでも尾根道を進むこととなるが、緩やかに尾根を左に回り込み、南へのルートとなると天狗山山頂である。標識の前に三等三角点（258・6メートル）があって、昼食や休憩には良いところだ。山頂標識に「運が良ければ天狗山に天狗さんからのプレゼントがあります」の案内があり、「足利天狗山」と記されたお札が掛けてあれば、お礼を言って頂いていこう。

下山は関東平野を眺めながら

天狗山山頂からは、登りと異なりマツの多い尾根道の緩やかな下りとなる。小さなピークを2つ越えて本経寺への下山路を左に見て下れば、ちょっとしたピークがかわら山である。さらに展望の岩へ進むと、行き止まりの切れ落ちた岩が富士見岩で、眼下の足利市や桐生市街から赤城、榛名、妙義、浅間山から富士山まで見渡せる。

再び分岐に戻り、南東に急斜面を下っていくと、あとは南に延びるアップダウンの尾根が続く。須永山、観音山と名付けられたピー

アカマツと裸岩の尾根ルート

眼下に西渓園の梅林を望む

展望のよい天狗山山頂（写真の女性は私の妻です）

両崖山山頂の御嶽神社

クを経て、最後の大下りで子安観音堂の裏手に出る。観音堂の石段を下れば常念寺で、県道の通り七丁目に出る。ここから車を置いた織姫公園まで歩いて戻ることとなる。常念寺から長林寺を経て、紅葉谷を登れば織姫公園駐車場である。

なお、時間が許せば上から眺めた西渓園も近いので、寄ってみるとよい。約３㌶の敷地に１２００本の白梅（７割）紅梅（３割）が咲き誇る楽園で、開花時期は無料開放されている。

Course Time
織姫公園駐車場（60分）→両崖山（25分）→天狗山（60分）→常念寺（30分）→織姫公園駐車場

歩行時間 2時間55分

栗田美術館の梅林と大小山（右奥）

26 迫間湿地《はざましっち》から元三大師《がんざんたいし》

冬の穏やかな1日、足利市郊外の名所旧跡を訪ねて

足利市東部のJR富田駅を起点として、周辺にある名所・旧跡をめぐる半日ハイキングを紹介しよう。足利三名所として名高い古伊万里焼の宝庫・栗田美術館や日本一のフジで有名なあしかがフラワーパークを経て、あまり知られていない迫間湿地から多田木山を登る。そして田園風景の向こうに大小山を眺めながら岡崎山を経て、元三大師をお参りしてから富田駅に戻る周遊コースである。栗田美術館やあしかがフラワーパークをゆっくり鑑賞すれば1日コースとしても楽しめる。

多田木山山頂の展望デッキ

出発点はJR両毛線富田駅である。駅の北西には「大小」の看板を掲げた大小山が目の前に見える。駅を出ると南側に「富田地区観光ガイドマップ」の標識があり、迫間自然観察公園までのルートマップが表示されているので確認していこう。迫間自然観察公園までは1・5キロである。

動植物の宝庫・迫間湿地

旧国道50号へ出て右折する。両毛線の高架橋を渡ると右手に栗田美術館が見えてくる。美術館入口手前はきれいに整えられた梅林があり、2月から3月初旬にはみごとな梅の花が見られる。

さらに直進し、富田郵便局手前をヘヤピンで左折して「メゾン緑の森」の前を通り、再び両毛線をアンダーパスで南側へ出る。出たところが、あしかがフラワーパーク正面入口である。冬期は入園料が安く、寒ボタンなどもきれいでおすすめである。

道なりに行くと迫間湿地で、ここは自然観察公園として整備されている。渡良瀬川の洪水・氾濫によって流れ出した水が行き場を失って長い間灌水したりした結果、泥炭がつもり湿地化したところで、動植物の宝庫である。湿地を周遊できる園内マップの標識や休憩場、トイレなどもある。

駐車場から木道を南へ進み、湿地回復エリアから東にルートをとる。小川に架かる橋を渡り、湿地保全エリアへと進んで直進すると、観察ウォールと名づけられた広い芝生広場に出る。あしかがフラワーパークの南側にあたり、野鳥の観察ゾーンである。

ここから東へジグザグに登っていけば多田木山（93・8メートル三角点あり）である。山頂には展望デッキがあり、西には田園地帯の奥に太田市の金山、さらに上州の山々、浅間山から富士山までの展望が楽しめる。

再び迫間湿地に戻り、東側につけられた木道を南に進み、田園地帯に出る。多田木山の南側を回り込み、東へと向かう。北側には再び大小山が見えてきて、東の緩やかな丘陵は目指す岡崎山である。

足利フラワーパーク正面入口

迫間湿地と多田木山（右）

遊歩道が整備された岡崎山

　出流川に架かる多田木橋を渡り、少し進むと県道佐野太田線である。ここを右折するとすぐ左手が一本杉地蔵尊である。一本杉はないが、石段を上ると石造のお地蔵様が待っている。この地蔵尊の脇に日光例幣使街道の元三大師入口の道標があり、足利市教育委員会の説明標識が立っている。

　日光例幣使街道は渡良瀬川を渡り、ここ岡崎山の西麓で東へ折れ、すぐに北方向へと向かったとのことだ。南側に岡崎山古墳の白い標識が立っており、ここから岡崎山に登る。ここ岡崎山は、とちぎの元気な森づくり県民税を活用した里山林整備事業で新たな遊歩道が造られ、ツツジ、ハギ、アジサイなどが植栽されたとのことで、これからが楽しみである。

　岡崎山山頂まではサクラの木の多い緩やかな登りだが、すぐに着いてしまう。山頂には52・8メートルの三等三角点と、御野点所址の立派な石柱が立っている。1934年（昭和9）、群馬・栃木・埼玉の陸軍大演習がこの周辺で行われ、昭和天皇がこの地で野点を楽しんだとのことだ。

　ここから下れば寺岡山元三大師の薬師寺に出る。元三大師はおみくじの元祖としても知られる比叡

一本松地蔵尊

岡崎山入口

岡崎山

岡崎山山頂の御野立所址

Course Time

JP富田駅（20分）→あしかがフラワーパーク（10分）→迫間湿地（30分）→多田木山（50分）→元三大師（30分）→JP富田駅

歩行時間　2時間20分

元三大師の山門

旗川堤防から見る大小山

山座主で、正月の3日に亡くなったので元三大師と親しみをこめて呼ばれている。

お参りをすませたら、終点のJR富田駅を目指す。旗川沿いに北上し、大小山を左手に眺めながら進むと、T字路に出て旧国道50号。この角に日光例幣使街道の道標がある。正面に「佐野道」、右側面に「足利道」、左側面に「太田道」とあって、分岐点であることがわかる。

ここを左折して進むと左側に栃木県立県南産業技術専門校（原稿初出時は県南高等産業技術学校）がある。私事で恐縮だが、私の県庁生活最後の校長としての職場で、このコースをいくつかに分けて昼休みを楽しんでいた。ここからJR富田駅はすぐである。

《追記》 あしかがフラワーパークでは毎年10月下旬から2月上旬までの夜間、イルミネーションの祭典を開催している。大小山などのハイキングのあとの冬の夜の楽しみが広がる。

大小山の遅い晩秋から初冬の風景（右側が最高峰の妙義山）

27
阿夫利神社《あぶりじんじゃ》から大小山《だいしょうやま》

富士山・スカイツリーを展望する周遊コース

足利市のJR富田駅の北西に位置する大小山。天狗が棲む霊場の山としても知られるが、なんといっても天狗岩の岩峰に掲げられた「大・小」の巨大な白い文字が遠くから見える特徴ある山である。最高峰は隣の妙義山（314m）だが、総称して大小山と呼ばれている。今回は、最短距離の周遊コースを麓の阿夫利神社から歩くコースを紹介する。冬場のハイキングが最適で、富士山から浅間山、日光連山、スカイツリーまで360度の大展望が得られる。

登山口となる阿夫利神社

大小山登山口の阿夫利神社までは、ＪＲ両毛線富田駅から歩くコースも整備されているが、阿夫利神社まで車が入れるので、今回は自家用車利用のコースとなる。

北関東自動車道を佐野田沼ＩＣで降り、産業道路を南下して菊川町交差点の一つ南のヤマダ電機の交差点を右折すると、正面に「大・小」の看板が掲げられた山が見えてくる。この山麓を目指す。栗田美術館手前の三柱神社から右折して北上し、道なりに行けばＴ字路にぶつかる。ここを左折して細い道を西に向かえば阿夫利神社の駐車場に出る。ここにはトイレ、沢水を引いた水場がある。また、大小山のルートや由来の標識が立っているので確認していこう。

登山口の阿夫利神社は、かつては大天狗・小天狗の棲む霊場として多くの信徒でにぎわったという。「大・小」はこの天狗に由来するのだろう。ちなみに大小山山頂は、古くは鷹巣山といい、伝説では源義国（鑁阿寺開祖の足利義兼の祖父）が鷹狩りの鷹を逃してやったという故事に由来する。

山頂の大展望に感嘆

今回は、妙義山コースから見晴台を経て男坂を下るコースとする。「妙義山回り大小山登山口」の標識に従い、駐車場の北側の小道に入る。えぐられた急登のルートであり、ロープなども張られているが、やがて緩やかになると尾根に出る。ここからは３６０度の大展望が得られる。

さらに緩やかな尾根を登っていくと大岩である。ここからの展望もすばらしい。この大岩は洞窟があって信徒たちの修業が行われたところだろう。雨宿りにも使える。

尾根の南寄りルートを進むと、「大・小」の看板が大きく目の前に現れる。右から赤見方面、西場百観音、西場富士からのルートと

妙義山山頂から足利方面を望む

緩やかな尾根歩きを楽しむ

合流し、ロープの張られた岩場をよじ登る。北から回り込んで岩尾根を進めば大小山最高峰の妙義山山頂（313・6メートル）である。二等三角点標石の置かれた山頂からは360度の大展望が得られる。日光、群馬、上越、長野、茨城の山々をはじめ、富士山や東京スカイツリーなども望める。半日のんびりいても見飽きない山頂である。風の強い日もあるが、穏やかな快晴の日など昼寝も最高である。

展望の良い男坂を下る

妙義山からは、露岩混じりのガレた岩場の急降下となるので足元に注意して下ろう。下り切り、登り返せば天狗岩の頭となり大小山山頂（282メートル）である。

さらに下ると、大久保方面と見晴台方面の分岐に出るが、今回は左折して見晴台へ向かう。鉄ハシゴを下ると、あずま屋のある見晴台に着く。見上げる「大・小」の看板が大きい。

ここから少し下ると、男坂・女坂の分岐に出るが、展望の良い男坂を下ることとする。露岩の岩場の連続だが、足元もしっかりしているので、ゆっくり下ろう。祈祷神社からは石段の道となり、女坂のルートと合流すれば、出発地の阿夫利神社は近い。

時間に余裕があれば、大小山

岩壁に掲げられた「大・小」の文字

東尾根の突端にある西場百観音を拝んで行こう。東国三十三番札所・西国三十三番札所・秩父三十四番札所の百観音が3列で並んで立っている。

《追記》西場富士は、大小山の東尾根の突端にある小さな富士山だ。JR富田駅前から北を見ると、小さなきれいな富士山型が見てとれる。西場百観音から尾根沿いに西側に進むと「西場富士」の標識のある山頂に着く。

展望がすばらしい大岩

360度の大パノラマが広がる妙義山山頂

Course Time

阿夫利神社(40分)→大岩(35分)→妙義山(10分)→大小山(5分)→見晴台(30分)→阿夫利神社

歩行時間　2時間

浅間山山頂展望台からの展望

28

彦《ひこ》間《ま》浅《せん》間《げん》遊《ゆう》歩《ほ》道《どう》

豊かな山並みと悠久の歴史をたどる

江戸時代、下彦間は彦根藩佐野領の一部だった。佐野市（旧田沼町）には彦根藩の領地が数多くあった。彦間の「彦」は彦根藩の「彦」からきているのではないだろうか。幕末の大老井伊直弼は、1850年（嘉永3）35歳で彦根藩主に就き、1853年（嘉永6）に日光東照宮参拝の帰り、佐野領内15カ町村を巡視している。また、この彦間浅間遊歩道にはかつて交易の生活道であった須花峠下に明治・大正・昭和の時代に3つのトンネルが掘られている。悠久の歴史を感じながらの遊歩道の散策を紹介する。

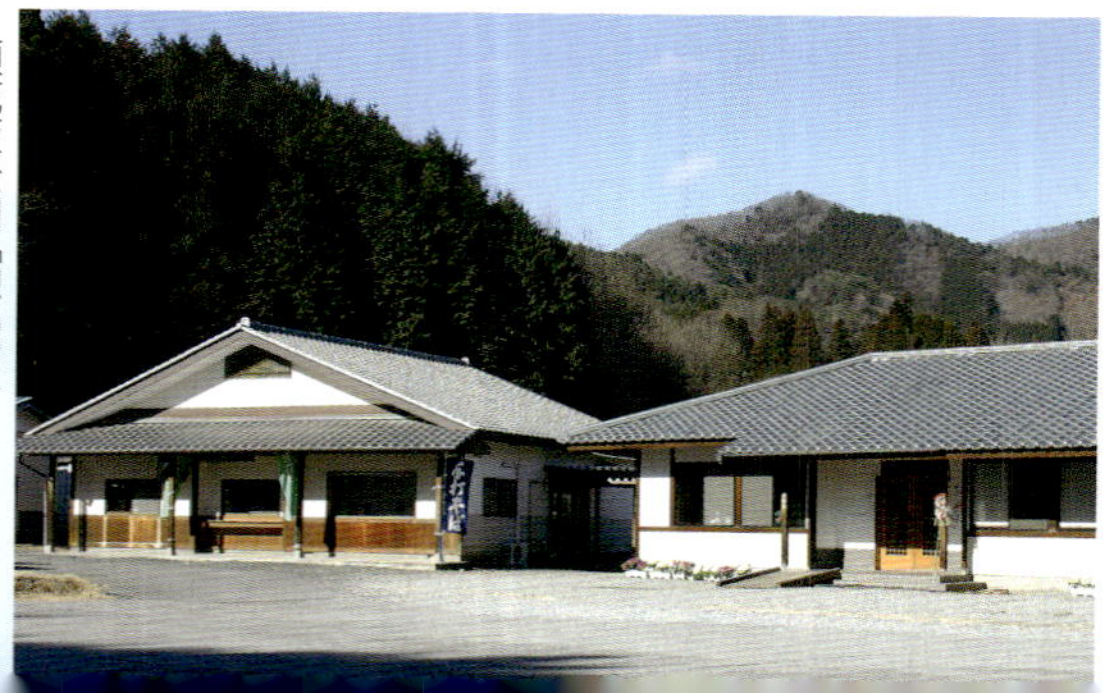

須花坂公園「憩い館」

公共交通機関利用の場合、東武佐野線田沼駅から佐野市営バス飛駒線下彦間小学校バス停下車、西に進み彦間川を渡ると須花坂公園は目の前だ。ただし、バスの本数が少ないので、自家用車利用をおすすめしたい。

須花坂公園は、農産物の直売や手打ちそばが味わえる農村レストラン「憩い館」があり、手作りまんじゅうやクッキー、地粉を使った打ち立てのそばは絶品だ（ただし、土日・祝日のみ営業）。「憩い館」への道路入口にコースの案内板があり、ここが遊歩道入口になる。３００体近くと思われる無数の庚申塔や石仏が並んでいて、これらは県道拡張工事の際集められたとのこと。庚申塔群の間にはたくさんのルートがついているが、高い方に向かって進むと、墓石や石仏のみが残っている無量寺遺跡がある。この辺は「須花黄すげの道」といって、夏にはキスゲが華やかに迎えてくれるルートとなっている。

道なりに進み、手すりの付けられた急こう配の平成坂を登りつめると桜沢公園との合流地点で、ここにはベンチも置かれ、展望も良くて一息入れるにはよいところだろう。この先、不動展望台を経てゴツゴツした岩混じりの急登を登り切ると、浅間山山頂展望台に着

無量寺遺跡の庚申塔群

遊歩道登山口

く。ここからは、周りの下彦間一帯ののどかな田園地帯や足利の市街地を下に見て、日光連山、筑波山、赤城山、スカイツリーなどの東京のビル群をはじめ、はるか富士山までの大展望が楽しめる。

山頂からは少し西に進み、345メートル地点で南へ下るルートとなる。ここは浅間屏風岩の基部でかたわらに石割桜がある。これからは、雑木林の「野鳥の尾根」と名づけられた緩やかな尾根下りで、江保地坂分岐に出る。ここの鞍部から少し登り返したピークが3等三角点（258・3メートル）のある名草山だ。展望はあまり良くない。

ここからの急降下で鎧地蔵尊跡に着き、さらに急降下すると左側に須花沢湿原が現われる。季節にはザゼンソウやサワギキョウの花が咲く隠れた湿地なのだ。湿原から階段を下っていくと須花の3つのトンネルのひとつ、大正トンネル入口に出る。重厚な石造りの入口があるが、残念ながら中には入れない。ぜひ遊歩道として補修・改修などを行い通行できるようになれば、文化財としての価値も上がるし、観光名所となると思う。

その先が、昭和トンネル、旧田

大正トンネル

明治トンネル

昭和トンネル

沼町と足利市を結ぶ最新ルートである。足利市営のバスも通っているのでこれを利用することも考えてよいだろう。昭和トンネルを過ぎると、明治トンネル入り口に彦間浅間遊歩道の案内板がある。遊歩道を２００メートルほど進むと明治トンネルが現れる。地元の篤志家、田中茂平氏らが8年の歳月をかけて、手彫りで掘ったトンネルで、向こう側の明かりもほのかに見えている。よくも掘ったりという感動が胸を打つ。あとは、県道足利・飛駒線で出発地点の須花沢公園まで戻ろう。

浅間山山頂展望台

Course Time

須花坂公園（50分）→浅間山山頂見晴台（30分）→名草山（40分）→須花坂公園

歩行時間 2時間

秋山川と中村富士

29

京路戸《きょうろと》公園《こうえん》から諏訪岳《すわだけ》

関東ふれあいの道「松風のみち」から「とちぎの富士山」へ

佐野市と栃木市（旧岩舟町）の境に位置する唐沢山に連なる秀麗な山が諏訪岳である。かつての地形図では、山頂に「京路戸」との地名が入っていたことから、地元では京路戸山とも呼ばれている。栃木市（旧岩舟町）側に位置する大慈寺のご住職の話では、「経論堂」が訛ったものとのことで、峠には宗教施設もあったようだ。一方、どこから見ても富士山型であり、旧葛生町の諏訪岳北に位置する「中」地区（旧・中村）からみる山容が特に美しいので、「中村富士」とも呼ばれ親しまれている。

京路戸峠

諏訪岳へのコースは、佐野市側の唐沢山からの縦走で「関東ふれあいの道」をたどるコース、東武鉄道佐野線多田駅からのコース、栃木市(旧岩舟町)の大慈寺・村檜神社からのコースなどいくつかあるが、今回は佐野市(旧田沼町)側にある京路戸公園からの最短コースを紹介する。

京路戸公園までは車で入れるし、トイレもあり、水も供給できる。公共交通機関利用の場合は多田駅からの歩きとなる。駅から東へ向かい、秋山川にかかる京路戸橋を渡り、直進すると田沼工業団地に入る。さらに工業団地の中を東へ進むとテニスコートのある京路戸公園に出る。駅から約30分の歩きである。

好展望の快適な尾根歩き

さて、この公園で準備を整え、京路戸峠を目指すことになる。東へ歩き出すとすぐに2つのコースに分かれるが、手書きで「京路戸峠」と書かれた標識のある正面コースに入る。左のコースも諏訪岳へ続く西尾根から北西尾根へ出るコースであるが、こちらの方が急斜面の登りとなる。ここは直進し、緩やかなスギ林の中を進む。

スギ林の中の陽の差さない山道でもあり、冬場は少し滑りやすいかもしれない。ササの中を通り、視界が開けてくると、左側に諏訪岳が見えてくる。さらに進むとやがてテーブルとベンチのある京路戸峠に出る。周りは樹木に覆われて展望はきかないが、休憩するには良いところだ。

ここは、東武佐野線田沼駅から唐沢山を経て、村檜神社・大慈寺までの関東ふれあいの道「松風のみち」の一部であり、ここからは快適な明るい尾根歩きのハイキングが待っている。

諏訪岳へは標識のとおり、左へ折れて諏訪岳・村檜神社方向へ歩

山頂から佐野市(旧田沼町)を望む

き出す。広葉樹林の落葉を楽しみながらの尾根歩きであり、正面に諏訪岳の山容を見ながら、しっかりとした山道を緩やかに登る。まもなく諏訪岳と村檜神社への分岐に出る。関東ふれあいの道では、村檜神社へのルートは諏訪岳の山麓のトラバースルートとなっていて、山頂は通らない。ここから、山頂を目指し左へと進む。

大パノラマの広がる山頂

緩やかな登りを続けると、左側の展望が開け、ベンチのある見晴台と名づけられた地点に出る。眼下には旧田沼町・旧葛生町から佐野・足利方面の展望が広がる。信州・浅間山、上州・赤城山、そして北は日光連山へと見飽きないパノラマだ。

ここからは滑りやすい山道の急登となり、しっかりと足元を確認しながら登っていく。汗が出始めたころ、すこし緩やかな登りとなり、石祠を過ぎれば平坦地に出て諏訪岳山頂に出る。

山頂には323・7メートルの四等三角点標石があり、あまり広くはないが、山名プレートや手書きのルート案内などもある。南側から西側の展望が開けていて、さきほどの見晴台と同じ展望が得られる。休憩や昼食の場所としては最高だ。

下山は、もと来た道を戻ってもいいし、北西尾根に付けられた痩せ尾根ルートを下山してもよい。急斜面の下山路であり、岩場やロープなども設置されている場所もあるので、十分注意しながら下ろう。

また、東へ延びる尾根から南尾根に入ると正面に富士山も見えてくる。滑りやすい急降下で村檜神社へのトラバースルートへ出て、村檜神社と大慈寺をお参りしてくるコースもある。トラバースルートへ出ると京路戸峠と村檜神社ま

中村富士山頂（諏訪岳）

関東ふれあいの道から三毳山を望む

諏訪岳・村檜神社分岐

☞ Course Time

京路戸公園（20分）→京路戸峠（30分）
→諏訪岳（40分）→京路戸公園

歩行時間 1時間30分

関東ふれあいの道からの日光連山

ではそれぞれ0・7キロの距離だ。
緩やかに下っていくと、村檜神社の裏山に出る。裏から神社境内へ入ると、646年に創建された国の重要文化財の春日造りの本殿が杉木立の中に静かに建っている。行基によって開山された大慈寺も見るものが多い。いずれも体力と体調に合わせて無理のないコースを選んでほしい。

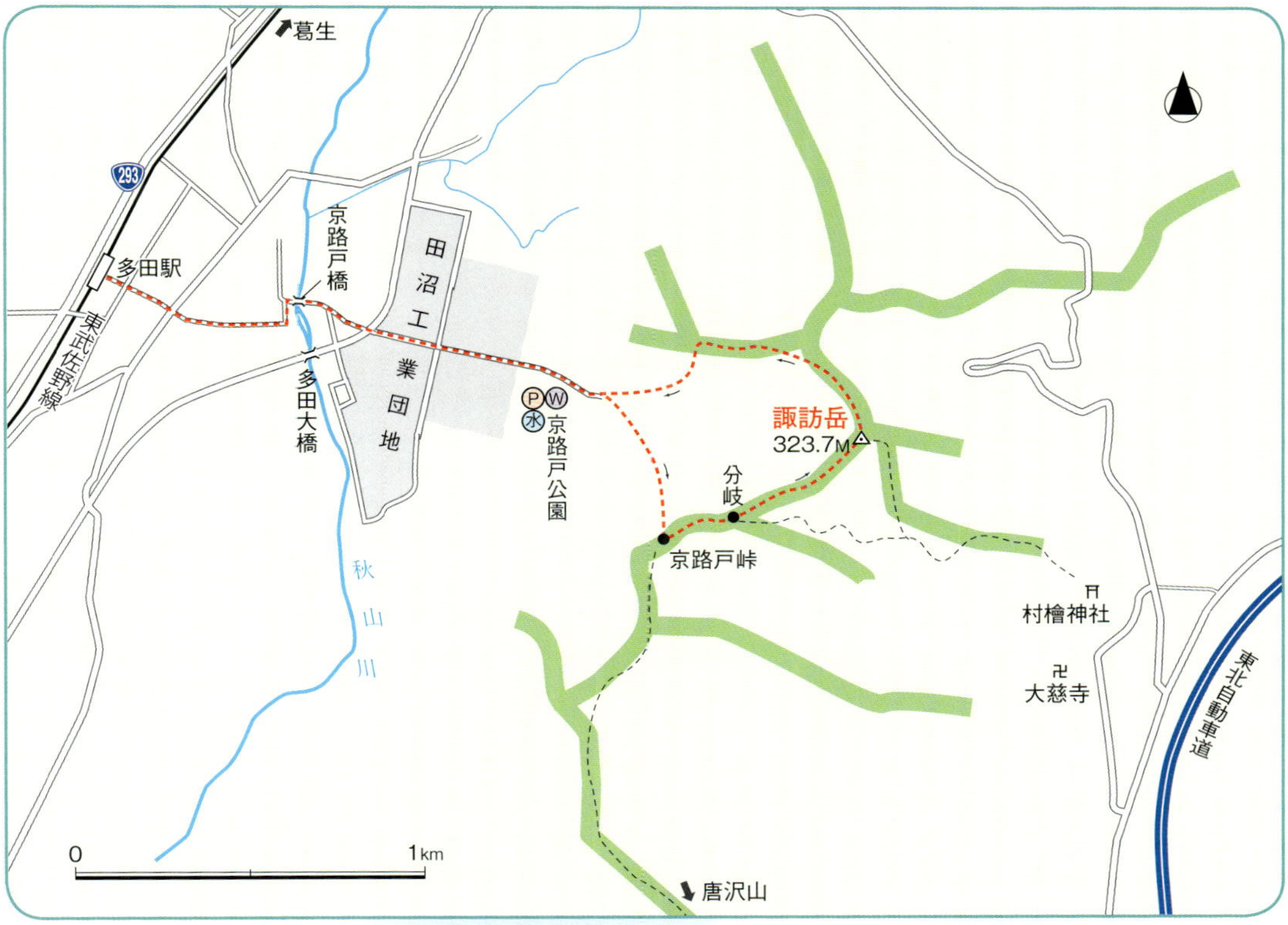

30 宇都宮《うつのみや》まちなかウォーキング

かつての「軍都のサクラ並木」を振り返る

桜通り十文字交差点角にあるモミの木2本

1908年（明治41）から翌年にかけて、宇都宮市の軍道に約千本のサクラが植えられた。場所は現在の桜通りと競輪場通りを結ぶ松原交差点から南へ中央公園博物館前の駐車場付近までで、南北に延びる道路の両側で約2km弱あった。1950年代の半ばまでは宇都宮随一のサクラの名所として全国に知られたという。このサクラ並木は、1908年に宇都宮に駐屯した旧陸軍第14師団の師団長・鍋島中将が宇都宮市に働きかけ、軍と市民が協力して植林したものだった。今回はこのサクラ並木の昔の名残を求めての陽だまりウオーキングで、春のサクラの時期にもう一度歩いてほしいための下見ウォークでもある。

出発点は、サクラ並木の名残りのある「桜通り十文字」である。足利銀行本店南の大谷街道と通称桜通りの交差点である。JR宇都宮駅からも東武宇都宮駅前からも多くの路線バスがここを通っている。

サクラの代わりに立つ石碑

この交差点南西角に残る大きなモミ2本も往時の歴史を見続けてきたのだろう。この角にあるのが国の機関が入った合同庁舎。かつての師団長官舎があったところだ。鮫島中将をはじめ歴代の師団長もここから師団司令部のあった栃木医療センターまで、サクラ並木の軍道を通っていたのだろう。

大通りを東へ200メートルほど戻ると北側の空き地に古い塀が残る場所がある。県の旧宇都宮保健所があったところだが、かつて憲兵隊本部があったところだ。

宇都宮にも国民の思想弾圧組織として恐れられた憲兵隊があったことにも驚く。塀は往時のものという。

交差点まで戻る。足利銀行本店の北側に桜美公園という宇都宮市の公園がある。栃木県立美術館に隣接する公園で、その名のとおり春のサクラの時期はさまざまなサクラが満開となる。

この公園が整備されたのはいつなのか。県立美術館が建てられたのが1972年（昭和47）なので、そのころのようだ。

ちなみに現在の足利銀行本店には、宇都宮偕行社という建物があって、軍の迎賓館のような役割を果たしていた。

その後、軍道のサクラ並木は、アメリカシロヒトリの被害や、道路拡張などのため、1961年（昭和36）には一本残らず切り倒され

県警察学校の北門にのこるレンガ門

「桜並木ここにありき」の石碑

栃木医療センター南西にある旧軍のレンガ門

た。偕行社の北側には連隊長官舎があり、現在は東京インテリア跡地の空き地で、この東側道路わき、桜四丁目歩道橋下に「桜並木　ここにありき」の横川信夫元栃木県知事の石碑が静かに立っている。

随所に残る戦争遺産

ここから国道119号（桜通り）を北に向かい、栃木医療センターを目指す。センター入口の看板から栃木医療センターへ。正面入り口に立つシダレザクラは師団設置時に植栽されたもので、樹齢100年を超す老木である。師団司令部の入口にあたり、第14師団の栄枯盛衰を眺めてきた歴史の証人でもある。

司令部の北に衛戍病院（現栃木医療センター）があった。この栃木医療センターの敷地の中で往時を思い起こさせるものはないかと探せば、センター南側には明治期に植えられたと思われる10本ほどのソメイヨシノの大木があり、南西角には古びた赤レンガの門一対がある。これが司令部の営門である。これらの営門は、センターの東なかほどの道沿いと県警察学校北側とに3カ所確認できる。

ここからとちぎ福祉プラザを目指す。プラザ内のわかくさアリーナの南西角に大きな石碑がひっそりと建っている。歩兵第59連隊と歩兵第66連隊の歩兵連隊記念碑である。職業能力開発センター、県立宇都宮中央女子高、県立聾学校、県警察学校、福祉プラザ一帯は、歩兵第59連隊と歩兵第66連隊跡地である。

プラザからは、県警察学校北側の道を西に進めば、学校内に土盛りされたようなところが第59連隊弾薬庫跡。さらに宇都宮中央女子高に向かうと、同校西側からしゃれた赤レンガ棟が見える。「旧歩兵66連隊庖厨棟」。食堂として利用されていたところで、国の有形

樹齢100年を超すシダレザクラ（栃木医療センター入口）

歩兵連隊記念碑（とちぎ福祉プラザ内）

文化財に登録されている。現在は学校の行事などに利用されている。宇都宮中央女子高はさくらの名所としても親しまれているので、一般公開などあれば見に行きたいものだ。

帰りは、近くの路線バスの宝木または中央女子校前バス停からJR宇都宮駅や東武鉄道宇都宮駅に戻れる。

最後にひとつ、このような戦争遺産を見るにつけ、戦争を知らない団塊の世代ではあるが平和の大切さや戦争の愚かさを強く感じる昨今である。

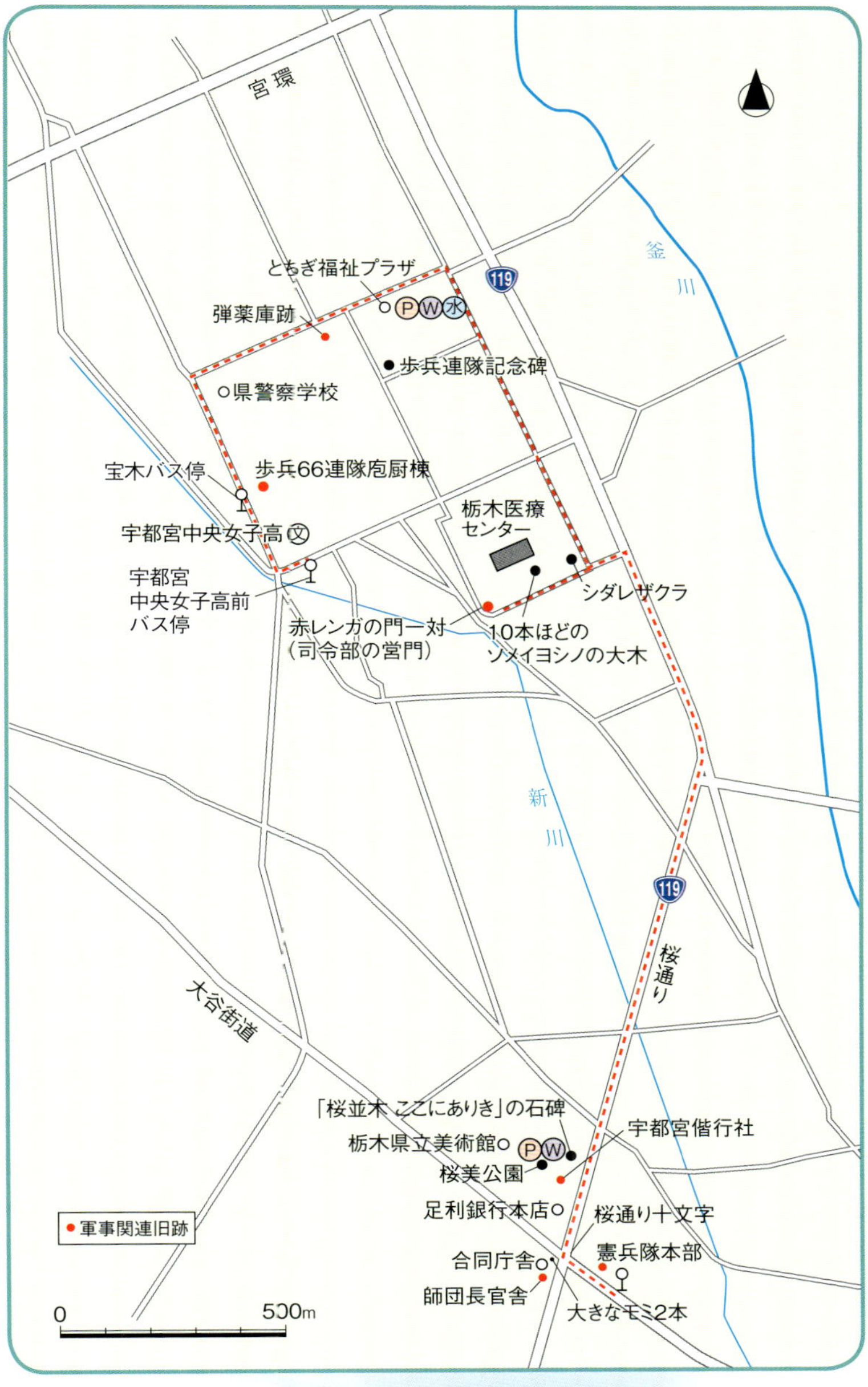

☞ Course Time

桜通り十文字（70分）→栃木医療センター（20分）→福祉プラザ（25分）→県立宇都宮中央女子高校（5分）→宝木または中央女子校前バス停

歩行時間　2時間

鹿沼市花木センターから見る茂呂山

31 花木《かぼく》センターから茂呂山《もろやま》

日光連山と鹿沼市街を望む展望コース

東北自動車道鹿沼ICの北側の丘陵地に鹿沼市花木センターがある。鹿沼名産のサツキをはじめ、花木・庭木・園芸資材・造園などを販売するガーデンセレクトショップである。その北側に小高い丘陵をもつ山が、二等三角点のある茂呂山（192・6m）であり、「生活環境保全林」「野鳥の森」「ふれあいの森」「散策の森」「自然観察の森」「憩いの森」などのエリアがそれぞれ命名され、鹿沼市民の憩いの場として利用されている。また、花木センター丘陵地の南の高台には栃木県出身者としてはじめての日本芸術院賞を受賞した歌人半田良平の顕彰碑がある。花木センターと茂呂山を結ぶ好展望の周遊コースを紹介する。

茂呂山憩いの森入口

出発点は、鹿沼市茂呂にある鹿沼市花木センターである。東北自動車道鹿沼ICから鹿沼工業団地の中をとおり、鹿沼市内に向けて国道121号を北上する。花木センター入口の看板を左折すると、美しいはす池（調整池）が左手にある花木センター駐車場に着く。ここから歩き始めることとしよう。

歌人・半田良平を偲ぶ

はす池と花木センターの間の舗装道路を南に丘陵地を登っていく。下方には徐々に花木センターの全容が見えてくる。緩やかに登り切り小高い丘の頂上に立てば、眼下に花木センター、その北に茂呂山の全景を見ることができる。

その草地の頂に立つのが半田良平の顕彰碑である。「たはやすく　雲のあつまる秋ぞらに　みなみに渡る　群鳥のこゑ　良平」と刻まれた文学碑が建っている。碑の歌は、氏の三男がサイパン島で戦死した直後の作で、南に渡る群鳥に父親の心情を託した歌とのことだ。

半田良平は1887年（明治20）、ここ茂呂山に近い深津で生まれた。旧制宇都宮中学、東京帝国大学を卒業。没後、歌集「幸木」は芸術院賞を受けた。ふるさとの偉大な歌人であるが、あまり知られていないのが残念である。

ここからは、草地の中をゆるや

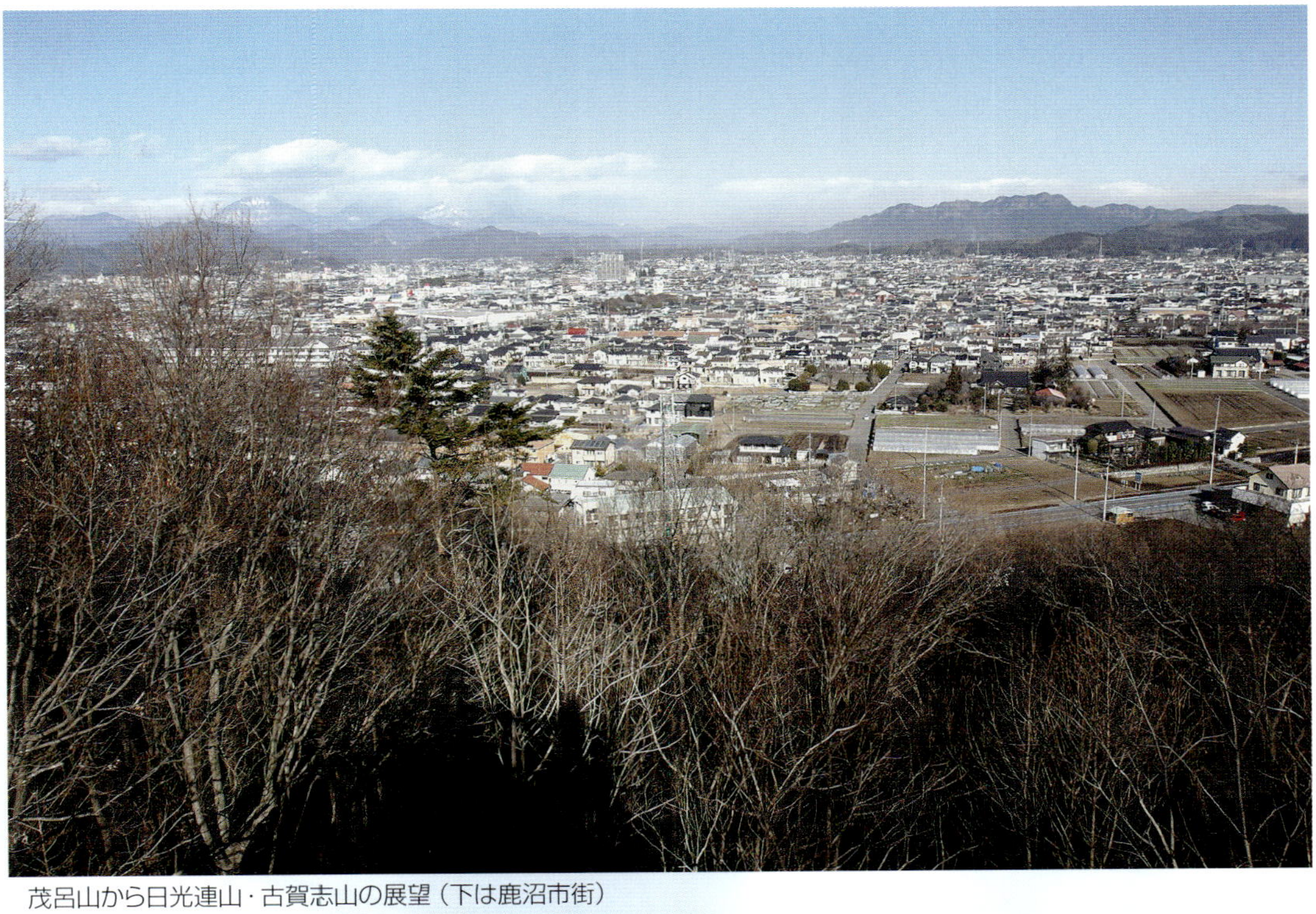

茂呂山から日光連山・古賀志山の展望（下は鹿沼市街）

かに北へ下っていく。緩やかな登りとなるが、花木センターがずっと足元に見えており、梅林の中からは西に特徴的な二股山、北西には男体山・女峰山などの日光連山の展望が広がる。

日光連山・古賀志山を望む

花木センターと茂呂山との間に架けられた陸橋を渡り茂呂山域に入る。ここからはハイキンググルート・散策路という感じの雑木林の中の道となる。コナラ、アカシデ、リョウブなどの広葉樹が多く、スギ、ヒノキの針葉樹や竹林が点在している中に、縦横に散策路や遊歩道が走っている。どこを進んでもいいのだが、ふれあいの森から山頂展望台へを目指すこととする。

快適な雑木林の中のハイキングルートから山頂へ向かうと平坦地となり、木造の展望台がある茂呂山山頂（192・6メートル）に出る。近くには二等三角点標石も確認できる。

この展望台に登ると日光連山や古賀志山、眼下に鹿沼市街などの大展望が広がっている。

展望を楽しんだら、西のはずれにある「がっから様」を目指す。がっから様は2メートルほどの大岩であ

茂呂山頂からの尾根歩き

茂呂山展望台を望む

半田良平先生顕彰碑

るが、近くには「鹿沼のむかしばなし」の案内板があるので読んでいこう。

ここから尾根道をもとに戻り、南へ下山することとなる。ふれあいの森から、展望広場、芝生広場を経て憩いの森のある「茂呂山自然環境保全林」の標識のある広場に出る。ここから花木センター駐車場はすぐである。

茂呂山展望台

☞ Course Time

鹿沼市花木センター駐車場（10分）→半田良平顕彰碑（30分）→茂呂山（10分）→がっから様（30分）→鹿沼市花木センター駐車場

歩行時間　　1時間20分

32

戦《せん》場《じょう》ガ原《はら》スノーシューハイク

奥日光の銀嶺に囲まれた純白の世界をめぐる

泉門池からの湯川と男体山

真冬の戦場ガ原は、白銀の世界が広がる。秀麗な男体山や太郎山、山王帽子山、大真名子山、小真名子山などの奥日光の山々を眺めながら、スノーシューを楽しもう。クロスカントリースキーのコースでもあるが、スノーシューは初心者でも楽しめる雪山の雪原歩きである。日光国立公園特別保護地区内なので、どこでも自由に歩けるということではないが、しっかりしたコースを歩くルートである。1月中旬から3月半ばまでがベストシーズンだが、太平洋高気圧に覆われた晴天の日を選び、奥日光戦場ガ原からの雪景色を楽しもう。

出発地点は奥日光戦場ガ原の三本松駐車場である。2軒ある売店では、スノーシューのレンタルがある。1000円前後で借りられるし、左右のスノーシューのつけ方やストックの使用方法もお店で教えてくれる。また、クロスカントリースキーに挑戦したいという人も、2000〜3000円前後でレンタルできるので、年に2〜3回程度しか行かないという人は、レンタルをおすすめする。

スノーハイクの服装は、スキーウエアーを持っている人はそれで十分だ。降雪も考えて、防風対応の保温性のあるダウンジャケットもよい。下着は速乾保温性のポリエステル系がよい。木綿製品は、天気の悪い時も考えてやめておくこと。

湯川沿いの広葉樹林

スノーシューでは登山靴に直接スノーシューを着けるので、防水性のある軽登山靴や革の登山靴にロングスパッツを着けると十分である。また、重要なアイテムとして忘れてはならないのがサングラス。雪目には十分な注意が必要だ。

トイレは戦場ガ原を歩き、赤沼茶屋までないので、トイレを済ませてからのスタートとなる。

白銀の世界へスタート

三本松駐車場からは光徳牧場へのルートを北へ進むと、すぐに左

戦場ガ原から、白根山方面を望む

に入るクロスカントリーやスノーシュー専用のコースが出てくる。

夏道のハイキングコースにはないコースであるが、逆川橋へ北上する専用コースで、初夏には薄ピンクの白い花が満開となるズミの古木の間の白銀の世界が拡がる。正面には白根山の前衛峰・外山と金精山が見えてきて、振り返れば太郎山と山王帽子山の雄姿が美しい。

国道120号に出て、逆川橋手前のゲートから夏道のハイキングルートに入る。泉門池光徳線歩道であり、案内板が設置されている。目指す赤沼まで「4・5キロ、1時間40分」とある。明るいズミの純林の中を進んでいくと木道となり、展望が開け雪原の戦場ガ原が現れる。

さて、奥日光におけるクロスカントリーやスノーシューなどのスノーハイクでの約束ごとの一つを紹介する。ラムサール条約登録地である戦場ガ原・小田代原内は、国立公園特別保護地域に指定されている。積雪が浅く、低木などの植物が踏まれやすい湿地内は、春を待っている植物たちを傷めないよう、木道上を歩こう。ただし、木道が高い位置にあるところもあるので、落ちないよう、木道以外のところを踏み抜かないよう注意すること。

木道の向こうに映える日光連山

明るい白銀の中の木道上のスノーシュー歩きとなる。左側を見れば奥日光の盟主・男体山の秀麗な稜線が美しく、大真名子山から小真名子山、太郎山、山王帽子山へと奥日光の山々の白峰が続く。一面の雪原の戦場ガ原はここに来ないと見られない。

再び樹林の中の木道を進むと湯滝からくる自然研究路と合流して、湯川沿いに左折する。ほどなくすると泉門池に出る。ベンチなども多くある休憩地であり、昼食休憩にはよいところだ。

ここからは、湯川沿いの木道歩きで、戦場ガ原の核心部を南下する。青木橋を渡り左岸へ出ると戦場ガ原が広がり、正面には男体山が大きく迫ってくる。途中には絶景の男体山や太郎山をバックに記念撮影にもよいロケーションも広

戦場ガ原自然研究路を進む

バックに太郎山、大真名子山、小真名子山を望む

白銀の戦場ガ原を進む

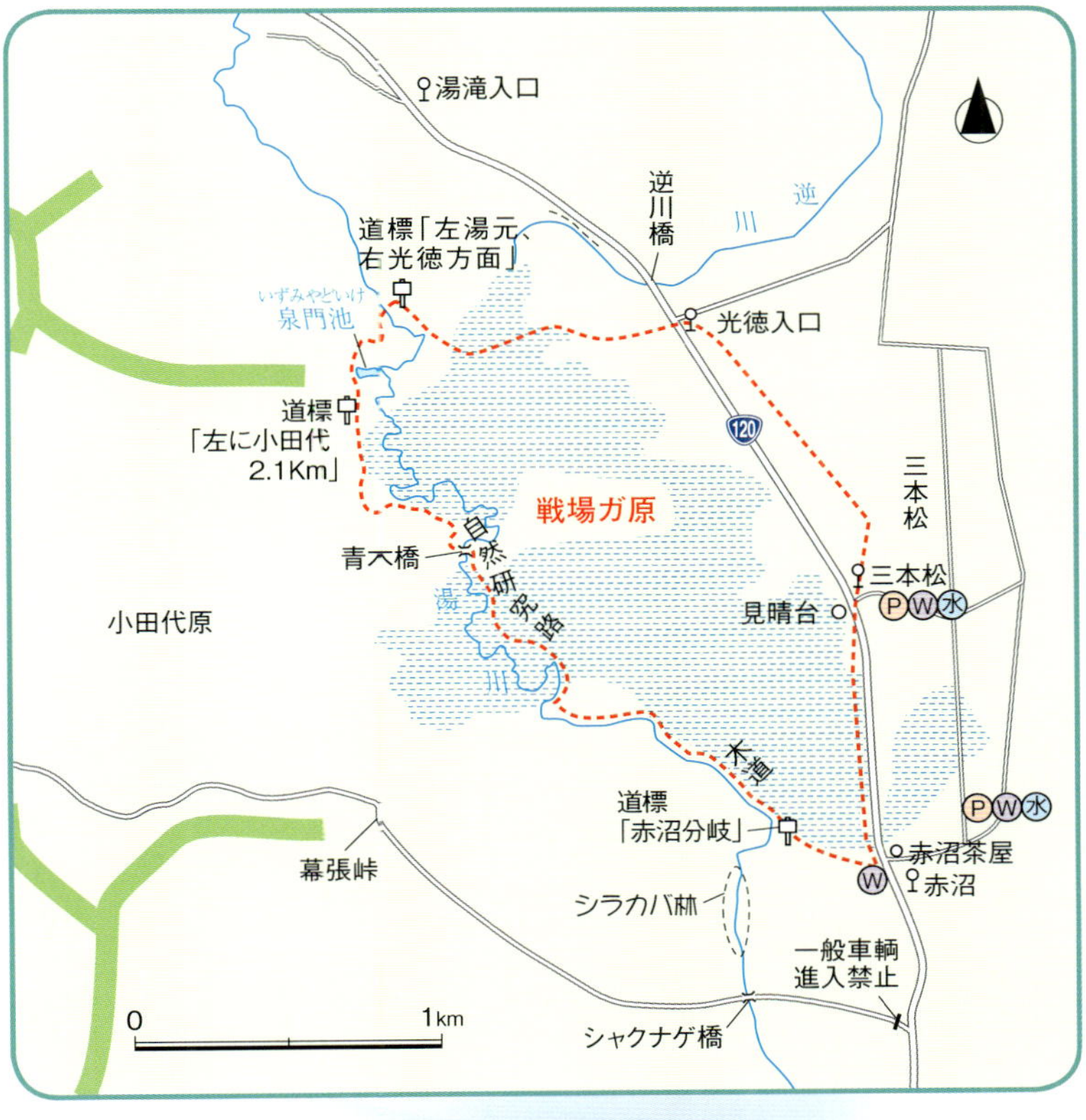

がる。

白銀の世界をルンルン気分で歩くと赤沼分岐へ出て、左折するとほどなく国道へ出て赤沼茶屋である。ここから国道を北上すると出発地点の三本松駐車場へ出る。

☞ **Course Time**

三本松駐車場（10分）→逆川橋（40分）→泉門池（30分）→青木橋（60分）→赤沼茶屋（10分）→三本松駐車場

歩行時間　2時間30分

山での危険（突然死）

　私は現在に至るまでの50年余の登山・ハイキング中に、仲間や友を直接同行した山行で失うことが昨年までなかった。それでも、栃木県勤労者山岳連盟（栃木労山）会長や役員を長年やっていたので、連盟加盟団体会員の山での不慮の死亡事故の事故報告や事故総括に関わることもあり、何回かの葬儀にも参列した経験がある。いずれの事故を振り返っても、これからの本人の活躍や人生を考えると断腸の思いがしたものだ。

　ここからは、２０１６年（平成28）5月23日（月）、私が所属する悠遊ハイキングクラブの定例ハイキングで実際に起こった話である。

　場所は長野県上田市郊外の塩田平に聳える独鈷山《どっこさん》（１２６６・３㍍）である。信州の奥座敷ともいわれる別所温泉も目と鼻の先だ。

　独鈷山は信州百名山にも選ばれた古くからの信仰の山である。ギザギザした岩峰を持つが、ルート的にさほど難しくなく2時間から2時間30分程度で登れる。「山頂まで１００分」の道標が西前山登山口にはある。

　悠遊ハイキングクラブは２００１年（平成13）年に設立された。栃木労山に加盟する中高年が主体のハイキングクラブである。２０１６年の会員数は27名、平均年齢は69・7歳であり、山行活動も高齢化に応じた比較的緩やかな計画を組んでいたとは思っている。

　当日の参加者は13名であり、私がチーフリーダー、Yさん（81歳）にはサブリーダーをお願いしていた。

　宇都宮をマイクロバスで朝6時に出発、前山登山口からは10時過ぎから登り始めた。不動滝で休憩。しばらく行くと急登のジグザグの尾根歩きとなるが、山頂まで60分の標識を経て、大展望の大岩の上に出る。Yさんには、SLということでラストをお願いしていて、ゆったり登ってきていたようだ。

　先頭の私たちが大岩の上で展望を楽しんでいたら、参加者仲間からの携帯電話が入り、Yさんが登山道で前のめりに倒れたとのこと。心肺停止状況なので戻ってきてほしいとの連絡が入ったので慌てて下山する。

　場所は頂上まで30分の標識がある地点だった。ラストを歩いていたため、倒れた瞬間を見た人はいない。

　たまたま、尾根ルートであったためか、消防署への救助の携帯電話が通じ、心肺蘇生マッサージを救助隊が来るまで続けるよう指示があった。倒れたのは12時前後である。その後、1時間ほど残った5人で交代に心臓マッサージを続けていたことになる。

　約1時間後に長野県の防災ヘリで吊り上げられ、上田市内の病院へ搬送された。樹林帯の中での作業であったが、素晴らしい技術で救助していただいた。下山後病院に向かい、そこで死亡が知らされた。

　上田警察署の事情聴取のため私と会の役員2名が残り対応することとした。最終的にはご遺族の到着を待って、長野県警上田署の担当者から死亡原因は心筋梗塞との話があった。心疾患や脳疾患での中高年者の山での突然死亡事故は増加する一方のようだ。

　奥様や当日参加の県庁同期の2人の友人に聞いても、心臓疾患のことは聞いたことがないということだった。本人は、日光・社山での転倒事故以来、絶えずヘルメットを着用するなど、安全管理に気をつかっていた。会の責任者として、残念でならない。

「いきいきとちぎ」掲載号一覧

【春】			【秋】		
01	明智トンネルから明智平	2016年春号	17	謙信平から太平山	2011年秋号
02	日蔭牧場から夫婦山	2012年春号	18	三登谷山から雨巻山	2015年秋号
03	ろまんちっく村から男抱山	2011年春号	19	沼原湿原から姥ガ平	2010年秋号
04	古賀志・中尾根から559mピーク	2010年春号	20	隠居倉から三斗小屋温泉	2016年秋号
05	井戸湿原と横根山	2013年春号	21	中禅寺湖南岸歩道	2012年秋号
06	三毳山花巡り	2014年春号	22	稲荷川砂防堰堤群	2013年秋号
07	宇都宮サクラ巡り	2015年春号	23	歌ガ浜と中禅寺湖	2017年秋号
08	古峰原湿原から方塞山	2017年春号	24	神橋から憾満ガ淵	2014年秋号
【夏】			【冬】		
09	峰ノ茶屋から茶臼岳	2011年夏号	25	織姫公園から天狗山	2014年冬号
10	天空回廊と丸山	2014年夏号	26	迫間湿地から元三大師	2010年冬号
11	志津乗越から男体山	2012年夏号	27	阿夫利神社から大小山	2013年冬号
12	光徳温泉から山王帽子山	2013年夏号	28	彦間浅間遊歩道	2015年冬号
13	大間々自然歩道	2015年夏号	29	京路戸公園から諏訪岳	2011年冬号
14	新湯富士と須巻富士	2016年夏号	30	宇都宮まちなかウオーキング	2016年冬号
15	東大付属日光植物園散策	2010年夏号	31	花木センターから茂呂山	2017年冬号
16	菅沼から弥陀が池	2017年夏号	32	戦場ガ原スノーシューハイク	2012年冬号

2010年発行『とちぎ「里・山」歩き』「いきいきとちぎ」掲載号一覧

【春】			【秋】		
01	竜頭ノ滝から千手ガ浜	2008年春号	17	奥鬼怒四湯巡り	2002年秋号
02	中禅寺湖畔自然研究路	2007年春号	18	沼ッ原湿原回遊路	2005年秋号
03	那須八幡ツツジ群落周遊	2009年春号	19	塩原渓谷歩道から竜化の滝	2008年秋号
04	栗山ダムと月山	2003年春号	20	龍王峡自然研究路	2004年秋号
05	舟石峠から備前楯山	2006年春号	21	明神岳山頂遊歩道	2003年秋号
06	七井駅から芳賀富士	2005年春号	22	鎌倉山と那珂川	2007年秋号
07	なかよし通りで中央公園へ	2004年春号	23	宮川渓谷と県民の森	2006年秋号
08	多気不動尊から多気山	2002年春号	24	大谷の里と戸室山	2009年秋号
【夏】			【冬】		
09	光徳沼と戦場ガ原	2007年夏号	25	羽黒山と梵天の道	2007年冬号
10	刈込湖・切込湖から光徳牧場	2004年夏号	26	古賀志山と御岳山	2004年冬号
11	金精峠から温泉ガ岳	2009年夏号	27	大谷寺から御止山	2006年冬号
12	湯元温泉と湯ノ湖一周	2006年夏号	28	とちぎ健康の森から鶴田沼	2005年冬号
13	霜降隠れ三滝	2005年夏号	29	宇都宮美術館周辺散策路	2008年冬号
14	明智平から茶ノ木平	2002年夏号	30	今市宿七福神巡り	2003年冬号
15	峠の茶屋から朝日岳	2008年夏号	31	上三川七福神巡り	2009年冬号
16	大峠から流石山	2008年夏号	32	白沢宿七福神巡り	2010年冬号

あとがき

「はじめに」でも書いたように、本書は２０１０年度から２０１７年度の8年間にわたり、（社）とちぎ健康福祉協会が年４回発行する季刊情報誌「いきいきとちぎ」に掲載された32編（一部は未掲載あり）のハイキング・ガイドを取りまとめたものです。本書は２０１０年（平成22）３月に出版した「とちぎ里・山歩き」の続きという面もあり、編集方針などは前書を基本的に踏襲しています。今回の出版では、掲載後のルート上の変更がいくつかのコースで（入山に対しての車の規制や新たな車道・林道の開発、登山口の変更、新たな文化財や地域資源の開発など）ありましたが、基本的に掲載当時の文章を基本として、必要最小限の訂正だけにしています。これらの状況変更は各コース毎の最後に《追記》として記載していますので参考としてください。実際に本書を手に「里・山歩き」を楽しみたいと考えている方は、県関係機関・市町村・観光協会などで最新データを収集してから登山・ハイキングを楽しんでいただくことをおすすめします（特に変更コースなどは）。

これも「はじめに」で書きましたが、何が苦労といえば、原稿を書きだしてしまえばほんの数時間で終わるのですが、構成がオールカラーなので写真データが春夏秋冬に対応していなければならないのです。発行予定日が3月、６月、９月、12月の20日頃なので、原稿提出日には前の年までに写真データを撮っておかないと間に合わないのです。前書では計画的に写真を撮りに出かけるなどと書いていますが、そうでもなくて何を書くか過去の写真データを探りだしていろいろ考えています。そんな訳で、16年間の64編のコースでの2冊の出版を契機に、いい区切りでもあり止めようかと思っていました。（社）とちぎ健康福祉協会からは、引き続きとの依頼もあり、協会の現・平野理事長とは県庁時代からの長い付き合いもあったりして、それでは当面はということで連載は続ける方向です。ただ、どれだけ続けられるのか、もう少し頑張るかなというところです。

最後に個人的なことですが、前号の「あとがき」で四国八十八か所・１２００㌔の歩き遍路に出たいとの決意を述べていますが、残念ながら現在にいたるも、年は年々歳々加齢し、70歳（現時点で満68歳です）が目前になるにも具体的な計画まで達していません。前書以降８年の間に職場環境の変化（こぶし作業所長や県社会福祉士会理事兼事務局長などの第２、３の職場）や２人の孫娘の誕生などもあって、孫娘の毎日の保育園送迎担当として楽しく暮らしています。山一筋であった私の、人間としての生き方や価値観や満足感などは変わっていくのでしょう。この間、悠遊ハイキングクラブの山仲間や妻との２人での山通いを続けながら、８年が過ぎようとしています。支えてくれた多くの山仲間や妻・幸子、そして92歳で介護の世話にもならず健康そのもので私よりも長生きしそうな母・千鶴子に感謝します。

また、拙書を出版するにあたり、書店に並ぶまでさまざまな助言や編集に関わっていただいた随想舎の卯木伸男社長と編集担当の石川栄介氏、吉川雅子さん、齋藤瑞紀さんにお礼申し上げます。

【著者紹介】
増田　俊雄（ますだ　としお）

1949年（昭和24）5月26日、宇都宮市生まれ。

栃木県立宇都宮高校から、立命館大学法学部卒。

宇都宮勤労者山の会を経て、1981年（昭和56）宇都宮ハイキングクラブ創立、初代会長。栃木県勤労者山岳連盟会長、日本勤労者山岳連盟ハイキング委員、うつのみや百景選定委員会委員、栃木いきいきクラブ大学校企画運営委員会委員などを歴任。

現在、2度目の栃木県勤労者山岳連盟会長。連盟所属の悠遊ハイキングクラブ会員と共に山歩きを楽しんでいる。

2010年（平成22）栃木県県南高等産業技術学校校長を最後に栃木県職員定年退職。

社会福祉法人「こぶしの会」こぶし作業所所長を経て、一般社団法人栃木県社会福祉士会理事兼事務局長（社会福祉士）。

《編著書》
『とちぎ「里・山」歩き』『栃木の山150』『栃木のいで湯ハイク60』『南会津・鬼怒の山50』『阿武隈・奥久慈・八溝の山87』（随想舎刊）
「ハイキングABC」「ハイキング・セカンド・ステップ」（日本勤労者山岳連盟ハイキング委員会編）
「とちぎの富士山」（一般社団法人栃木県産業環境管理協会定期刊行物「クリーン・ライフ」に6回連載）
「日光・水のある旅」（日光市役所・ホームページに掲載）
現在も、とちぎ健康福祉協会情報誌「いきいきとちぎ」に「とちぎ『里・山』歩き」を連載中

とちぎ「里・山」歩きⅡ

2018年3月31日　第1刷発行

著　者●増田俊雄

発　行●有限会社 随 想 舎
〒320-0033　栃木県宇都宮市本町10-3 TSビル
TEL 028-616-6605　FAX 028-616-6607
振替 00360 − 0 − 36984
URL http://www.zuisousha.co.jp/
E-Mail info@zuisousha.co.jp

印　刷●株式会社シナノ パブリッシング プレス

装　丁●齋藤瑞紀

定価はカバーに表示してあります／乱丁・落丁はお取りかえいたします

ISBN978-4-88748-356-9